人物叢書

新装版

北条時頼《ほうじょうときより》

高橋慎一朗

日本歴史学会編集

吉川弘文館

北条時頼坐像（建長寺所蔵）

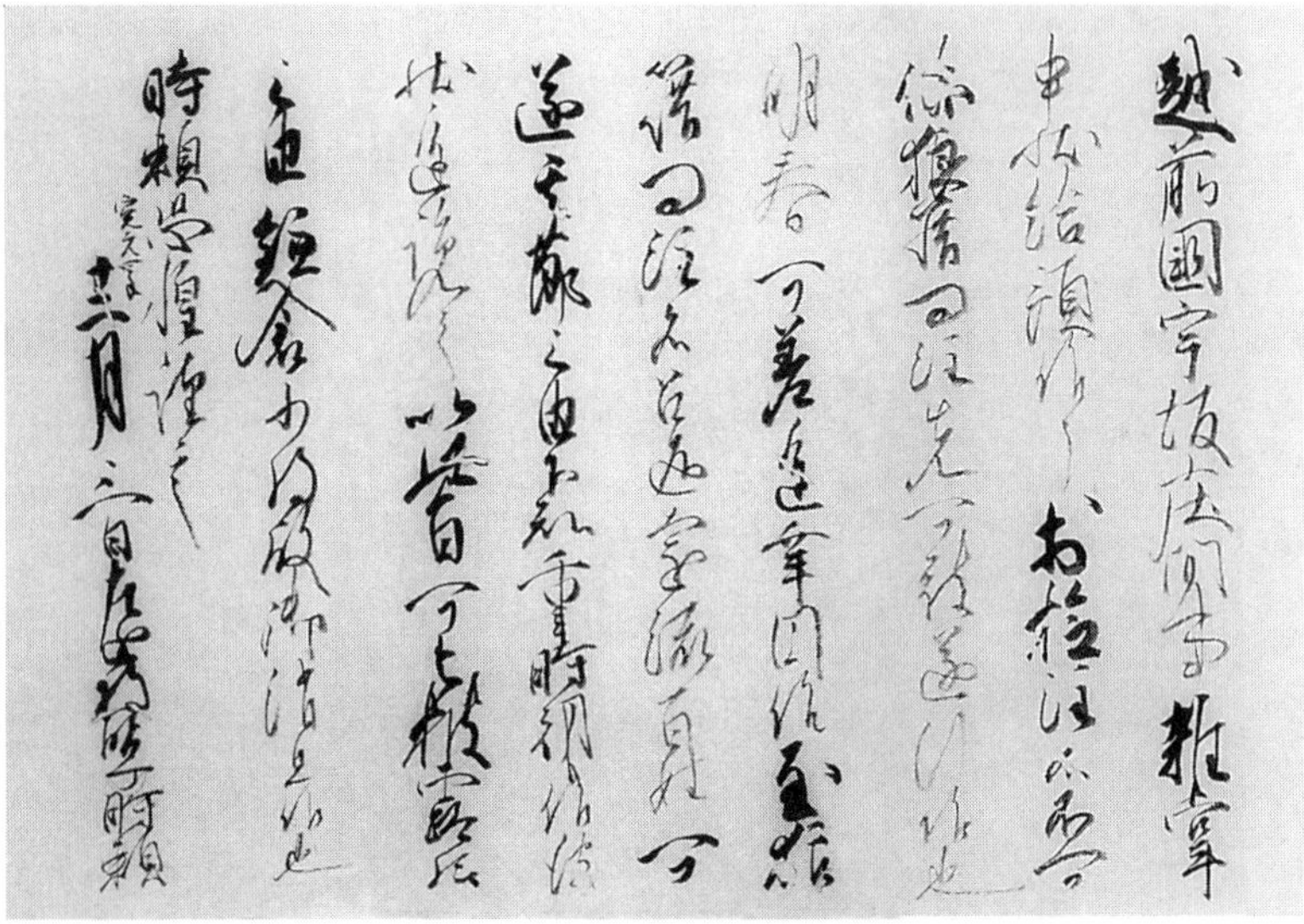

北条時頼奉書

（『保阪潤治氏所蔵文書』東京大学史料編纂所写真提供）

はしがき

北条時頼は、鎌倉時代中期の政治家、幕府の執権《しっけん》である。時頼の一生は三十七年間で、決して長いものとは言えないが、その精力的な活動は後世の人々に強烈な印象を与えたと見え、さまざまな伝説や肖像が残された。

時頼の肖像は、大きく二つに分類できる。一つは武士の姿であらわされるタイプで、よく知られる建長寺《けんちょうじ》蔵の木造北条時頼像（鎌倉時代）はその代表的なものである。そのほか、最明寺《さいみょうじ》（神奈川県足柄上郡大井町）所蔵の木像（南北朝時代）も正装した武士の姿で表現されている。さらに、東京国立博物館蔵の木造源頼朝像（鎌倉時代）についても、実は北条時頼像であったとする説が近年あらわれて注目を集めている（黒田日出男『源頼朝の真像』角川書店、二〇一一年）。

時頼像のもう一つのタイプは、出家した僧侶の姿であらわされるもので、最明寺（兵庫県佐用郡佐用町）所蔵の木像（鎌倉時代）や、鎌倉明月院《めいげついん》所蔵の塑像（鎌倉時代）、神奈川県立歴史博物館所蔵の画像（室町時代）などが知られている。

　時頼の肖像の二つのタイプは、そのまま時頼に対する二つのイメージを反映している。まず、武士の姿は、幕府の中心人物・政治家としての時頼をあらわしている。父時氏《ときうじ》・兄経時《つねとき》があいついで早世したことにより、時頼は思いがけず幕府の執権となる。寛元《かんげん》四年（一二四六）、二十歳のときであった。康元《こうげん》元年（一二五六）、三十歳にして執権を辞任、出家するが、その後も依然として幕府の最高権力者であり続けた。祖父泰時《やすとき》が、評定衆《ひょうじょうしゅう》を置き『御《ご》成敗式目《せいばいしきもく》』を制定して、執権中心の政治体制の基礎を作ったのに対して、時頼は得宗家《とくそうけ》（北条氏本家）を中心とする幕府の体制を完成させたといえる。

　次に、出家姿の時頼は、仏教に深く帰依した人物であることを反映している。三十歳で出家した時頼は、禅宗をはじめさまざまな宗派の僧侶から教えを受けている。ただし、時頼の仏教信仰は出家前から大変熱心なものがあり、蘭渓道隆《らんけいどうりゅう》を開山に招いて建長寺を創建したのも、執権在任中の建長《けんちょう》五年（一二五三）のことであった。

　そして、政治家と仏教者のイメージの交錯するところに、時頼が僧侶に姿を変えて諸国をおしのびで回り、不当な扱いに苦しむ人々を救ったという伝説（いわゆる「時頼廻国伝説」）が生まれるのである。

本書では、時頼の政治家・仏教者の両面をともにとりあげ、さらに伝説についてもその背景を探ることとした。また、時頼と密接に関わる人々のなかで、すでに人物叢書が刊行されている人物については、本書でも多くを参考にさせていただいた。具体的には、上横手雅敬氏『北条泰時』、森幸夫氏『北条重時』、川添昭二氏『北条時宗』などがそれにあたる。ぜひ、合わせお読みいただくようお願いしたい。

もともと私は仏教史を専門としておらず、とりわけ禅宗に関しては理解も浅く、不十分なところが多々あることと思うが、なにとぞご海容いただきたい。そのかわり、と言うのもおかしな話であるが、私がこれまで専門としてきた鎌倉の都市史に関係する部分では、いくらかの新味を出すように努めたつもりである。いずれにせよ、読者の皆様の忌憚のない御批判・御叱正を賜れば幸甚である。

本書の執筆をお引き受けしてから、ずいぶん長い年月がたってしまった。ここまで刊行が遅延したのは、ひとえに私の怠慢と能力不足によるところで、日本歴史学会および関係の各位に深くお詫び申し上げる。二〇一三年は、北条時頼の七百五十年遠忌の年にあたる。この節目の年に何とか刊行を間に合わせることができたことは、まことにありがたいことである。ご協力くださった方々に、あらためて心より厚く御礼申し上げる次第である。

二〇一三年四月十六日

高橋慎一朗

目次

口絵

挿図

第一　誕生、少年時代

一　父と母

誕生の記事

北条時頼といえば、その一生を幕府政治に捧げ、鎌倉を中心に生涯をすごしたようなイメージがあるが、少々意外なことに、実は京都で生まれている。幕府の関係者によって編纂されたと見られる歴史書『吾妻鏡《あずまかがみ》』によれば、安貞《あんてい》元年（一二二七）五月十四日の辰刻（午前八時ごろ）に、京都の六波羅《ろくはら》において男子（のちの時頼）が誕生したという報告が、五月二十三日に鎌倉へ届いている。

京都の公家広橋経光《つねみつ》の日記『民経記《みんけいき》』によると、時頼誕生前日の十三日は雷雨で、鴨川は大洪水という荒れ模様であったが、夜に入ると月は明るく、風も涼しいという状況になり、翌十四日は曇り、という天候であった。

父と母

父は、北条時氏《ときうじ》。執権《しつけん》北条泰時《やすとき》の長男で、当時は六波羅探題《たんだい》の職についていた。時氏は建仁《けんにん》三年（一二〇三）の生まれで、時頼誕生のときは二十五歳であった。時氏は幼名を

「武蔵太郎」といい、承久《じょうきゅう》三年（一二二一）の承久の乱の際には父泰時に従って東海道を攻め上り、宇治川の合戦で戦功をあげている。時氏は、いずれは父泰時のあとを継いで執権となるべき人物と見られていた。

母は、有力御家人の安達景盛《あだちかげもり》の娘で、のちに「松下禅尼《まつしたぜんに》」と呼ばれることになる女性である。安達氏は頼朝挙兵以来の幕府の功臣で、景盛は北条泰時とも親しい関係にある人物であった。

兄経時の誕生

時氏は、三年前の元仁《げんにん》元年（一二二四）六月二十九日、京都から戻った父泰時と入れ替わりに、京都へ向けて鎌倉を出発し（『吾妻鏡』）、六波羅探題北方《きたかた》に着任した。探題南方は、北条時房《ときふさ》の子時盛《ときもり》である。そして、六波羅探題着任と同じ年に、時頼の兄の経時《つねとき》が生まれていることになる。これは経時の死去の年と年齢から逆算してわかることであり、正確な月日を記す史料がないため、時氏の京都到着の前か後かはわからない。経時の母も、時頼と同じく安達景盛の娘である。また時氏には、はっきりとわかるだけで娘が四人いるが、時頼の同母妹になる一人（檜皮姫《ひわだひめ》）をのぞいて、ほかの三人は生年がわからない。そのため、時頼誕生の前に生まれているのかどうか、つまり姉にあたるのか妹なのかは不明である。

いずれにせよ時頼は、時氏と安達景盛の娘とのあいだに、二男として誕生した。時頼

六波羅探題跡（碑は六波羅蜜寺に所在）

東福寺六波羅門（写真提供東福寺）

誕生の一ヵ月ほど前の四月二十日に、時氏は修理亮《しゅりのすけ》に任じられている（『六波羅守護次第』）。修理亮は、父泰時が元服後にはじめて任じられた官職でもある。時氏にとっては、めでたいこと続きであったと言えよう。

先に見た『民経記』には、実は時頼誕生というできごと自体は記されていない。公家にとっては、関東からやってきた一武将の子が生まれたところで、たいした関心事とはならなかったようにも見える。

医師和気清成

しかしいっぽうで、『吾妻鏡』によれば、「医師の和気清成《わけのきよなり》が担当したおかげで無事に出産でき、大手柄であった」というようなことを六波羅から内々に北条泰時に報告してきている。和気氏は代々朝廷に仕える医術の家柄で、清成は天皇の診察をする「侍医」であり、のちに医薬関係の責任者である典薬頭《てんやくのかみ》にもなった人物である。朝廷に仕える医師がお産に立ち会っていることから、当時の六波羅探題が京都の公家社会と密接なつながりを持っていたことがわかり、時頼の誕生は公家社会からもそれなりの注目を浴びるできごとであったと思われるのである。

ところで、五味文彦氏によれば、『吾妻鏡』の出産記事は、『吾妻鏡』が編纂された十四世紀に得宗《とくそう》（北条氏本家の家督）周辺の人々の先祖を特筆するために書かれたという（「『吾妻鏡』の筆法」）。時頼とその子の時輔《ときすけ》・時宗《ときむね》・宗政《むねまさ》の出産記事が『吾妻鏡』に見える

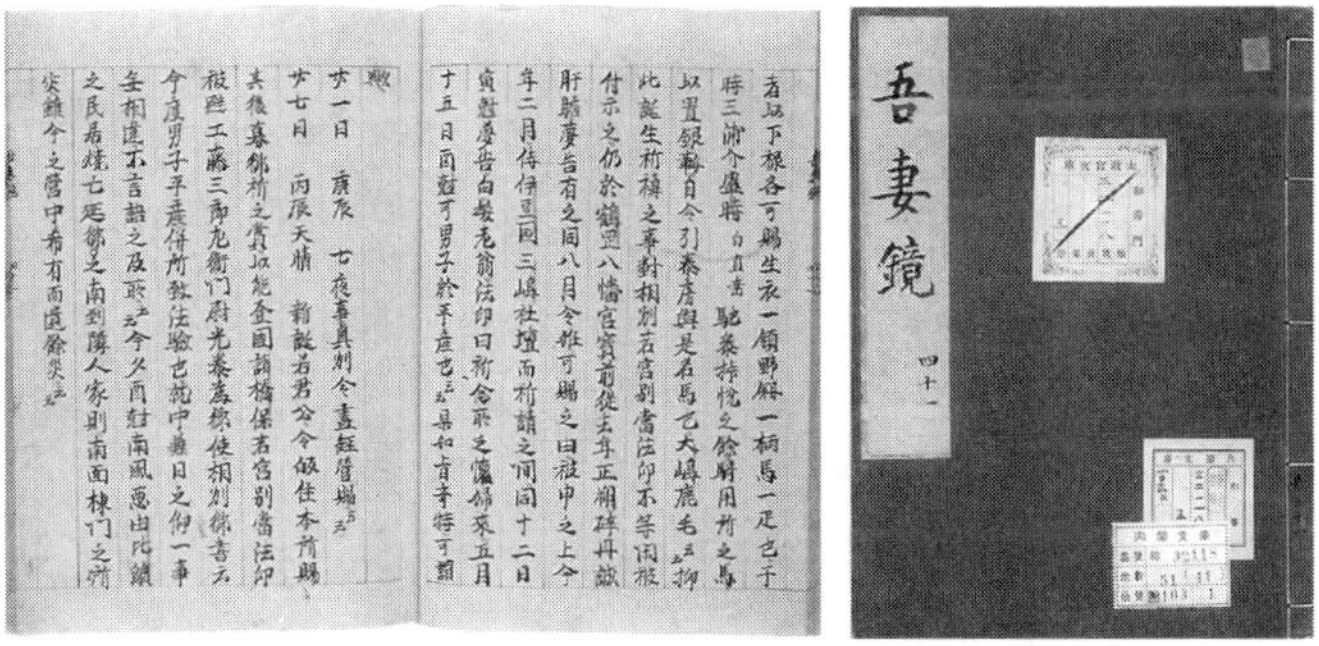

『吾妻鏡』（国立公文書館内閣文庫所蔵）

のに対して、父時氏や兄経時の誕生記事は見えていない。祖父泰時の記事がないのは、ちょうどその年の『吾妻鏡』が欠けていることによる。時頼父子の出産記事が見えることは、時頼が得宗家（北条氏本家）の流れのなかできわめて大きな位置を占めていたと認識されていたことを示している。

時頼の幼名は、『吾妻鏡』嘉禎《かてい》三年四月二十二日条によれば「戒寿」、『系図纂要』によれば「戒寿丸」である。『野津本　北条系図』は「皆寿」とあり、『口伝鈔』では「開寿」とされているが、いずれも「かいじゅ」という音から来る宛字であろう。

ちなみに、祖父泰時の幼名が「金剛」、兄経時が「藻上御前」（薬上とも伝えられる）であるのに対して、時頼の子時宗は「正寿」、宗政は「福寿」であった。さらにその子孫をみると、貞時《さだとき》は「幸寿」、高時《たかとき》は「成寿」、邦時《くにとき》は「万寿丸」であり、時頼より後は得宗家の男子が「寿」のつく幼名を名乗るようになるのである。この点から、のちの北条氏周辺の人々が、時頼を一つのお手本と考え、あやかろうとしたことがわかる。

二　生まれた時代

祖父泰時の治世

時頼が誕生した安貞元年（一二二七）のころは、いったいどのような時代であったのだろうか。承久三年（一二二一）に起きた承久の乱からは、六年が過ぎていた。乱の当時幕府を支えていた北条政子《まさこ》・義時《よしとき》・大江広元《おおえのひろもと》はみなすでに亡くなっており、泰時が執権となり、京都より下ってきた九条頼経《くじょうよりつね》を将軍に戴く体制となっていた。しかし、乱の余波はそこかしこに残っていたのである。

六波羅探題としての時氏

父時氏が六波羅探題に着任したころの京都は、検非違使《けびいし》や在京御家人の多くが承久の乱で後鳥羽上皇に味方して滅んでしまったため、治安が急速に悪化していた。盗賊が横行し、朝廷の内蔵寮《くらりょう》宝蔵の宝物や、法性寺《ほっしょうじ》五大堂の鐘が盗まれたりしている（『明月記』安貞元年閏三月三日条）。六波羅探題は、京都の警備担当者としてこれらの取り締まりにあたらねばならなかった。とりわけ時氏は、「執権探題」であった。森幸夫氏によれば、執権探題とは、北方・南方二人の探題のうち主導的立場にあるものをいう（『六波羅探題の研究』）。時氏は、京都における幕府関係者のリーダーとしてストレスの多い日々を送っていたに違いない。

時氏の母の再婚相手

ところで、時氏の母は三浦義村《みうらよしむら》の娘（矢部禅尼《やべぜんに》）であったが、泰時と離縁して佐原盛連《さはらもりつら》と再婚している。離婚の理由は定かではないが、離婚後に特に関係者のあいだで不仲が生じたわけでもないらしく、時氏の生母が結ぶ縁により佐原盛連が時氏につきしたがって上洛したと『明月記』に記されている（嘉禄二年正月二十四日条）。しかしながら、この盛連は乱行で京都中に知られる人物であり、そのほかにも在京の御家人（在京人《ざいきょうにん》と呼ばれる）の乱暴行為はとどまることを知らず、時氏・時盛両人では在京人を充分に統制できなかったであろうと推測されている（森幸夫『北条重時』）。

殺伐とした空気が流れるなか、時頼誕生の年、安貞元年の閏三月十五日には、阿波国の守護小笠原長清が急遽阿波に向かった。これは、承久の乱の結果阿波に流されていた土御門上皇を熊野の悪党が迎えようとして警護の武士と合戦となり、守護代が傷を負ったとの噂があったためである。（『明月記』）。ただ、この噂は事実ではなかったことがのちに判明している（同前十九日条）。

尊長の逮捕

時頼誕生のすぐ後、六月七日にも、承久の乱がらみの事件が発生している。承久の乱において後鳥羽上皇方の中心人物であった二位法印尊長《そんちょう》という僧侶が捕らえられたのである。尊長は日ごろ京都の鷹司油小路の肥後房という者の家に潜んでいたところを発見され、六波羅から時氏の被官（家臣）である菅《すが》十郎左衛門尉周則《ちかのり》らが逮捕に向かったところ、抵抗して武士二人に傷を与えたあげく自殺をはかったという（『吾妻鏡』六月十四日条）。尊長は死に切れぬまま捕らえられ、車に乗せて六波羅に担ぎこまれた。尊長は、六波羅探題の時氏と時盛がいる前で「早く首を斬れ。さもなければ北条義時の妻が義時に飲ませた毒薬を、自分にも飲ませて早く殺せ」と言い、人々を驚かせたという（『明月記』六月十一日条）。結局、尊長は翌八日に死亡したが、承久の乱の余波が続いていたことを幕府関係者に思い知らせる事件であった。

叔父時実の殺害

同じ月、幕府のお膝元鎌倉でも、承久の乱とは直接関係ないが、衝撃的な事件が起きていた。六月十八日、執権北条泰時の二男（時氏の弟。時頼の叔父にあたる）時実《ときざね》が、家臣で京都高橋の住人高橋二郎というものに殺害されたのである。ときに十六歳であった。理由は不明であるが、同僚の家臣三人ほどが同じく殺害されており、日ごろの仕事のなかでトラブルがあったのかもしれない。いずれにせよ、執権泰時および幕府にとっては言語道断の事件であり、犯人の高橋二郎はただちに捕らえられ、この日のうちに鎌倉郊外の腰越《こしごえ》で斬首されている（『吾妻鏡』）。

ちなみに、『前田家本　平氏系図』によると、時実殺害の犯人は「高橋左衛門大宅光繁」とある。森幸夫氏によれば、少し後に北条重時《しげとき》の被官《ひかん》として「高橋新左衛門尉大宅時光」という人物が見え（『葉黄記』宝治元年五月九日条）、以来高橋氏は重時子孫の代々の被官であったという（『北条重時』）。名前や通称から見て、時光はおそらく光繁の子孫か一族と思われるから、事件の後に高橋氏は同じ北条氏でも重時の家の被官となったことになる。これだけの大事件にもかかわらず、犯人の子孫が北条氏分家の家臣として存続していることから、あるいは時実殺害には情状酌量すべき事情が隠されていたのかもしれない。

倭寇に対する高麗の抗議

また、目を海の外へ転じると、時頼が誕生したまさにその五月十四日、九州大宰府《だざいふ》の現地責任者（大宰少弐《しように》）であり幕府御家人でもある武藤資頼《むとうすけより》から、鎌倉の幕府に、朝鮮半島の高麗《こうらい》からの文書が届けられた（『吾妻鏡』）。その内容は、前年の六月に対馬の島民が高麗全羅州を襲って略奪をはたらいたことに抗議するものであった。実は、少し前から日本の船が高麗沿岸を襲う「倭寇《わこう》」の現象が頻発するようになっていた。これに堪えかねた高麗が、取り締まりを求めてきたのである。

実は、高麗からの文書を受けた資頼は、朝廷に報告することなく、九十人の犯人を捕らえて高麗の使者の面前で斬首し、独断で高麗へ返書を書いていた。そして朝廷では、七月にあらためて審議をしている（『百錬抄』七月二十一日条）。関周一氏によれば、朝廷で審議をするという建前は貫かれていることから外交権は朝廷にあったが、幕府に高麗の文書が送られていることで「幕府が外交に関与する素地が生まれた」という(「鎌倉時代の外交と朝幕関係」)。この後幕府、時頼、そして日本全体が、東アジアをめぐる動きにまきこまれていくことを暗示する事件であった。

また、『吾妻鏡』によれば、時頼誕生の前年、嘉禄《かろく》二年(一二二六)十月十八日には、六波羅の時氏から鎌倉の将軍頼経に、「愛子」と名づけられた中国(宋)の鳥一羽が献上されている。当時の京都では、富豪のあいだで、「唐船」を運行する貿易商から手に入れた中国の鳥や獣を飼うことが流行していたという(『明月記』同年五月十六日条)。幕府・六波羅探題もまた、そうした中国との貿易ルートとの接点を持っていたことを示すできごとである。

飢饉の発生

さらに、時頼誕生の三年後の寛喜《かんぎ》二年(一二三〇)から翌三年にかけて、異常気象と「寛喜の大飢饉」と呼ばれる飢饉が全国を襲うことになるが、それに先がけて時頼誕生の年にも飢饉があった。この年、伊勢神宮造営のため諸国に税が課され、その徴集を幕府が請け負っていた。しかし、税(米)の納入が、全国的な飢饉のために困難であるということが、幕府から朝廷へ伝えられている(『吾妻鏡』五月二日条)。

このように、騒然としたなかにも幕府の存在感が増しつつある時代に、時頼は誕生したのである。

三　父の死と祖父の養育

時氏若狭守護となる

時頼誕生の翌年、安貞二年（一二二八）に、父時氏は若狭国の守護に任じられた（『若狭国守護職次第』）。秋山哲雄氏によれば、北条氏が若狭の守護に任じられるのはこの時氏が最初であり、以後文永《ぶんえい》七年（一二七〇）ごろまでは、基本的には六波羅探題北方が兼任する慣例となったという（「若狭国守護職をめぐって」）。もちろんこの人事は、執権泰時の強い意向が働いていると見るべきであり、時氏にかける泰時の期待の大きさがうかがえる。

弟時定の誕生

このころ、時頼の弟の時定《ときさだ》（のちに為時と改名）が誕生したと思われる。母は経時・時頼と同じ安達景盛の娘である。正確な年はわからないが、時頼の生まれた安貞元年（一二二七）より後で、妹の誕生および時氏の死去の年である寛喜二年（一二三〇）よりは前と思われるので、だいたいこのころであろう。

鎌倉へ下向

寛喜二年三月二十八日、時氏は六年間つとめた六波羅探題の任を終えて鎌倉へ向けて出発した。そろそろ鎌倉へ呼び戻して手元に置き、執権になるための指導をしようという泰時の心づもりであったのであろう。時氏の出発の様子を、藤原定家《さだいえ》は実際に見物した息子の為家《ためいえ》から聞いて、日記に書きとめている。それによれば、夜明け前に先陣が出発し、時氏本人は夜明け後に直垂《ひたたれ》を着て馬で出発。つきしたがう家来は三百騎ほどであり、七歳になる経時も小さい馬に乗ってしたがったという（『明月記』）。四歳の時頼については『明月記』には記述がないが、父母とともに鎌倉へ下ったのは確かである。

時氏の鎌倉下向に先がけて、三月十一日に北条重時が時氏と交替で六波羅探題に赴任するために鎌倉を出立している（『吾妻鏡』）。重時は泰時の弟（時氏の叔父）で、当時三十三歳。小侍所《こさむらいどころ》別当を長くつとめ、その政治的手腕を買われての起用である。重時は三月二十六日に京都へ着き、いっぽうの時氏は四月十一日に鎌倉へ到着している（『吾妻鏡』四月十一日条）。

父時氏の死

ところが、鎌倉到着後ほどなくして時氏は病気になり、さまざまな祈禱や医療をおこなった甲斐もなく、ついに六月十八日の戌刻（午後八時ごろ）に亡くなってしまった。享年二十八。奇しくも、弟時実が亡くなったのもちょうど三年前の六月十八日であった。翌日の寅刻（午前四時ごろ）になって、時氏の遺骸は大慈寺のそばの山麓に葬られた（『吾妻鏡』六月十八日条）。

『六波羅守護次第』によれば、時氏は六波羅から鎌倉へ下る途中の「宮路山《みやじさん》」において発病したという。宮路山は現在の愛知県豊川市にある山で、東海道の矢作宿《やはぎしゅく》と赤坂宿の中間に位置する。あるいは、長旅の疲れから発病し、そのまま重体に陥ったのかもしれない。

自分のあと継ぎにと決めていた息子を若くして失い、泰時は大変な嘆きようで、泰時の岳父であり幕府の有力者でもある三浦義村がしきりに泰時に「諫言」するありさまであった（『明月記』七月一日条）。義村にしてみれば、「幕府の執権たる者、気をしっかり持ってもらわなければ困りますぞ」というところであったろうか。なお、時氏の死を聞いた六波羅探題の重時は、鎌倉へ下ろうとしたものの、京都の治安が悪化することを恐れた後堀河天皇の命令によって、京にとどまらざるをえなかった（『明月記』六月二十五日条）。また、関東では、時氏の死を悼んで出家する者が、数十人にのぼったという（『明月記』六月二十九日条）。

悲しみに沈む泰時に追い打ちをかけるように、八月四日には三浦泰村《やすむら》（義村の子）に嫁いでいた泰時の娘（時氏の妹）が、お産の前後に体調を崩したあげくついに亡くなってしまったのである。享年は二十五であった。北条氏と連携して三浦氏の地位を保持しようとしていた三浦義村にとっては、今度こそは他人ごとではなかったであろう。

母の出家

さて、時氏の死後、時頼らの母（安達景盛の娘）は出家して、「松下禅尼」と呼ばれるようになる。高野山に建てられた町石《ちょういし》の銘に着目した上横手雅敬氏は、松下禅尼の法名が「真行」であり、彼女が文永四年（一二六七）には生存していたことを明らかにしている（『日本の中世8　院政と平氏、鎌倉政権』）。

少し後になるが『吾妻鏡』の記事に「松下禅尼の甘縄第《あまなわ》」というものが見える（建長三年五月一日条）ので、彼女は幼い子供らとともに実家である安達氏の甘縄邸に移ったものと思われる。いっぽうで、石井進氏は、安達氏の別邸が松ヶ谷《まつがやつ》にあり、別の史料では「松カ上」とも記されていることから、松下禅尼の「松下」は「松カ上」とともに松ヶ谷のなかの地名ではないかと推測している（『鎌倉びとの声を聞く』）。おそらく時頼の母は甘縄の安達氏本邸で子の養育にあたり、時頼らが成長したのちは、松ヶ谷の別邸内に隠棲して「松下禅尼」と称されるようになったのではなかろうか。

いずれにせよ、時氏死後は、経時・時頼兄弟らは母松下禅尼と祖父泰時に育てられるようになったのである。このとき、祖父泰時は四十八歳であった。『若狭国守護職次第』は、時氏の後、経時がしばらくのあいだ若狭守護をつとめたとするが、その期間は明確には記されていない。これに関して熊谷隆之氏は、時氏の没後に経時が守護に就任するものの翌寛喜三年（一二三一）には六波羅探題北方の北条重時が守護に就任すると推定している（「鎌倉期若狭国守護の再検討」）。わずか一年ほどの期間であり、経時は元服前の七歳で、およそ実態のある人事とは思われない。事実上は泰時が若狭の守護職を預かり、時氏の後継者として経時の立場を世間にひろめるために、名目だけの守護職に任じたものであろう。

なお、先にも触れたが、時氏の亡くなった年には時頼の妹（檜皮姫）が誕生している。彼女の誕生を、父時氏が眼にすることができたかどうかは不明である。

幼少の時頼についてのお堂遊びのエピソード

幼少のころの時頼については、ほとんど知ることができないが、無住《むじゅう》道暁《どうぎょう》の著書『雑談集《ぞうたんしゅう》』巻三に次のようなエピソードが記されている。

幼い時頼がお堂や仏像を作って遊ぶのを見た得宗家の被官の平《たいらの》盛綱《もりつな》や諏訪《すわ》盛重《よりしげ》が、「弓矢を使う身となられるのですから、弓矢の遊びをなさいませ。役にたたない遊びをなさいますな」と、止めさせようとした。それを見た祖父泰時が、「なぜ止めるのだ。私はまえにこの子の夢を見たのだが、前世では釈迦のために祇園精舎を建てた東北の角の大工の棟梁の生まれかわりなのだ。であるから、理由のあることなのだ」と言った、という。

この話に続けて無住は、「はたして、のちに時頼の威勢は国王のようになり、建長寺を建立した。中国の僧も多数やってきて寺院はまるで中国のようになり、禅宗が盛んとなったのは、すべて時頼のおかげである。だから時頼は、栄西《えいさい》の生まれかわりだとも言われているのである」とコメントを記している。

このエピソードから、時頼は幼少より仏教に親しく接していたことがうかがわれるのであり、とりわけ母の松下禅尼の影響が大きかったものと見られる（川添昭二「日蓮遺文に見える北条氏」）。同じ『雑談集』巻三によれば、松下禅尼は仏教を深く信仰したと伝えられる上東門院《じょうとうもんいん》（藤原道長の娘）を日ごろから慕っていて、仏教を信じない者は召し使わなかったという。祖父泰時にしても、明恵《みようえ》と親交があり、寺社を厚く保護した人物である。母方の祖父安達景盛も、三代将軍源実朝の死をきっかけに出家して大蓮坊覚智と名乗り、当時は高野山にのぼっていた。幼少の時頼の周囲には、武士社会のなかにありながらも仏教的な雰囲気が濃厚にただよっていたのである。

右の時頼のお堂遊びのエピソードからは、得宗被官の平盛綱と諏訪盛重が時頼の養育にあたっていたことがわかる。森幸夫氏によれば、特に盛綱は泰時の死後は主に経時ではなく時頼に仕えたと考えられ、その立場は「乳母夫《めのと》」（養育者）であったという（「得宗被官平氏に関する二、三の考察」）。

時頼と親鸞の遭遇の伝承

また別のエピソードとして、幼い時頼が親鸞《しんらん》と遭遇して問答を交わした、という伝承も残されている。本願寺の覚如《かくによ》の言葉を記録した『口伝鈔《くでんしょう》』という鎌倉末期の書物に、親鸞が幕府の一切経校合の事業に参加したときのエピソードが記されている。それによれば、北条時氏が政治をつかさどっていたころ、一切経を書写することがあり、その校合作業のために武藤左衛門入道と宿屋《やどや》入道に命じて、学問に通じた僧を集めさせた。親鸞もこれに招かれて参加した。あるとき、校合作業の後に執権主催の宴会がおこなわれ、親鸞が袈裟をつけたまま魚や鳥を食すのを見て、九歳の「開寿」すなわち時頼が、「なぜか」と聞いた。それに対して親鸞は「袈裟には生類を解脱させる徳があるから」と答え、時頼がおおいに納得・感激したという。

時頼が九歳というと、文暦《ぶんりやく》二年（一二三五）という年にあたる。ところがこのときにはすでに時氏は死去しており、「時氏のころ」という『口伝鈔』の記述と矛盾する。また、親鸞が幕府に招かれるとは考えられないということや、袈裟の徳についての説が親鸞の思想に一致しないということなどからも、このエピソードは以前はほとんど事実としてとりあげられることはなかった。

親鸞の一切経校合の場面（「親鸞聖人伝絵」佛光寺所蔵）

しかし、峰岸純夫氏によれば、文暦二年二月に幕府によって鎌倉の明王院五大堂が建立され一切経の供養もされていること（『吾妻鏡』）、武藤左衛門入道は景頼に、宿屋入道は最信にあたって、ともに当時活躍していた人物であることなどから、この年の一切経書写は事実と見てよいという（「鎌倉時代東国の真宗門徒」）。また、平松令三氏によれば、「時氏が」という部分は、実は初稿本では「泰時が」となっており、この点からも親鸞の一切経校合参加を事実と認定できるという（『親鸞』）。したがって、親鸞と時頼の問答そのものはともかく、幕府主催の一切経書写に参加する親鸞のすがたを、時頼が眼にする機会はあったものと思われる。時頼がのちに仏教に深く関わるのは、やはり幼少のころの環境が大きな要因の一つとなっているようである。

経時元服

同じころ、文暦元年（一二三四）三月五日に、三歳年上の兄である経時が、十一歳で元服をしている。経時の元服は将軍九条頼経の御所でおこなわれ、理髪（成人の髪に結い上げる役）を北条時房が、加冠（冠をつける役）を将軍みずからがつとめ、「北条弥四郎経時」と名乗ることになった（『吾妻鏡』）。

「弥四郎」という仮名《けみょう》について森幸夫氏は、経時が四男であったからではなく、北条時政・義時二代の仮名「四郎」を意識してのもので、北条氏嫡流としての正当性を示そうとする泰時の意思によると指摘している（「得宗家嫡の仮名をめぐる小考察」）。

こうして執権泰時の後継予定者として武家社会にデビューした経時は、同じ年の八月一日に小侍所別当に任命されている。小侍所は、将軍御所の番役や将軍外出の供奉《ぐぶ》役の人選などをつかさどる役所で、別当はその長官である。十一歳の経時に、幕府政務の見習いをさせようという泰時の配慮であったのであろう。経時は、嘉禎二年（一二三六）十二月二十六日まで小侍所別当をつとめた（『吾妻鏡』）。また、嘉禎三年二月二十八日には左近衛将監に任じられ、翌日には従五位下の位を与えられている（『武家年代記』）。

時頼元服

時頼のほうは、というと、嘉禎三年四月二十二日に元服している。経時の元服とおなじく、十一歳であった。時頼の元服は、泰時の屋敷に将軍頼経を迎えておこなわれた。泰時は、この日将軍を迎えるために屋敷内に新しく檜皮葺の御所を建てるという力の入れようであった。理髪は三浦義村、加冠は将軍頼経で、「北条五郎時頼」と名乗ることになった（『吾妻鏡』）。一見すると、将軍が加冠をつとめている点で兄経時と同等の待遇を受けているようであるが、場所は経時は将軍御所、時頼は泰時邸という具合に異なっている。また、森幸夫氏によれば、「五郎」という仮名は「弥四郎」経時の弟であることからつけられたもので、北条本家の家督を継ぐにふさわしいような要素は見出せないという（「得宗家嫡の仮名をめぐる小考察」）。時頼はあくまでも庶子であり、この時点で兄経時との立場の差は歴然としていた。

下文を祖母に届ける

同じ年の六月一日、時頼は、和泉国吉井郷を安堵する幕府の下文《くだしぶみ》を、祖母である矢部禅尼（法名を禅阿という）に届ける役を任されている（『吾妻鏡』）。先にも述べたように、矢部禅尼は泰時に嫁いで時氏を生んでいるが、のちに離別して佐原盛連と再婚していた。盛連は京都で乱暴を働くなど、いろいろ問題の多い人物であったが、天福《てんぷく》元年（一二三三）の五月ごろついに制止を無視して上京しようとしたため幕府により誅殺されてしまった（『明月記』同年五月二十二日条）。そのために、盛連の所領であった吉井郷が未亡人である矢部禅尼に与えられることになったのである。おそらくは、執権である泰時の判断によるものであろう。盛連の悪行にもかかわらず、泰時が前妻矢部禅尼に対しては悪感情を持っていなかったらしいことは、所領を与えた上に、孫にあたる時頼を引き合わせる機会を設けたことからもうかがい知ることができる。

流鏑馬をつとめる

また、同年八月十六日、鶴岡八幡宮の放生会《ほうじょうえ》において、時頼ははじめて流鏑馬《やぶさめ》をおこない、無事にその役目を果たした（『吾妻鏡』）。これに先がけて、七月十九日には祖父の泰時が、鶴岡八幡宮の馬場において、訓練のために時頼に試射をさせ、三浦義村ほかの幕府の重臣たちに披露している。このとき泰時は、流鏑馬の故実に詳しい海野幸氏《うんのゆきうじ》を招き、時頼の流鏑馬について批評をするよう求めた。幸氏は「ご立派です。生まれながらの才能がおありだ」と述べるが、泰時が再三にわたり指導を求めたので、西行《さいぎょう》の説

垸飯の馬の引き手役

鶴岡八幡宮

をひきながら、矢を挟むときの弓の持ち方だけを直すように助言している（『吾妻鏡』）。時頼の教育にかける祖父の熱意が感じられるエピソードで、本番を無事に終えたときには、本人はもちろんのこと、泰時もさぞやほっとしたことであろう。

続いて暦仁《りゃくにん》元年（一二三八）正月二日、正月三が日におこなわれる幕府の重要行事「垸飯《おうばん》」において、時頼は経時とともにはじめて馬の引き手役をつとめている。垸飯の行事のなかでは、馬の引き手は比較的軽い役ではあるが、この後、延応《えんおう》元年（一二三九）、仁治《にんじ》元年（一二四〇）、同二年、寛《かん》元《げん》二年（一二四四）にもつとめていることが知られており（『吾妻鏡』）、少しずつ幕府のなかでの活動の場が増えつつあったことがわかる。しかし、この年将軍九条頼経が上洛し十ヵ月の長期にわたって在京した際には、泰時と経時は将軍につきしたがって行動をともにしたが、時頼は鎌倉で留守番であった。まだまだ若輩扱いという感じである。

左兵衛少尉に任官

それでも同年九月一日には、左兵衛少尉《さひょうえしょうじょう》に任じられ（『鎌倉年代記』）、はじめての官職を得ている。兵衛少尉は、正七位上に相当する官職である。

毛利季光の娘と結婚

翌延応元年（一二三九）十一月二日、時頼は毛利季光《もうりすえみつ》の娘と結婚した。時頼は十三歳であった。毛利季光は、幕府創建時の功臣大江広元の子で、相模国毛利荘を本拠とし、三代将軍源実朝の死後に出家して「西阿」と名乗っていた。承久の乱でめざましい活躍を見せ、評定衆《ひょうじょうしゅう》にも任じられて幕政の中心にあった人物である。のちに宝治《ほうじ》合戦のときに季光は北条に背き三浦方に味方したため、この妻は離別されている（川添昭二『北条時宗』）。

泰時の後継者対策

仁治二年（一二四一）正月二十三日、時頼は兄経時らとともに、将軍頼経の前で笠懸《かさがけ》の技を披露している（『吾妻鏡』）。笠懸の射手は、御家人の子息から十人が選ばれており、時頼兄弟はいずれも弓の技術にすぐれたものと認められていたようである。同じ年の十一月四日にも、安達義景の鶴見の別荘への将軍方違《かたたが》えに際して笠懸がおこなわれ、射手二十人のなかにやはり時頼と経時が選ばれている（『吾妻鏡』）。経時と時頼は、執権泰時の孫としてゆくゆくは幕府の中心を担うべく、幕府行事の役目を一所懸命こなしているという状況であった。

とりわけ経時は、この年の六月二十八日には評定衆に加えられ（『吾妻鏡』）、八月十二日には従五位上という位を朝廷より与えられている（『武家年代記』）。この年、経時は十八歳であった。祖父泰時が従五位上となったのは三十七歳のときであったから、比べると驚くほど早い昇進である。実は、この少し前の六月二十七日に泰時は体調を崩し、七月六日には経時・時頼が鶴岡八幡宮に泰時の病気治癒を願って百度詣でをおこなうという騒ぎがあった（『吾妻鏡』）。泰時の病気は七月二十日には回復している（『吾妻鏡』）が、みずからの健康に不安を覚えた泰時は、後継者経時の地位の確立をかなり強引に推し進めたものと思われる。

金沢実時像（称名寺所蔵，金沢文庫保管）

同年十一月二十五日には、泰時

は自分の屋敷に経時と幕府の中心人物を招いて酒宴を催した。この場で泰時は、世の治め方について多く語り合い、経時に対して「学問を好んで武家の政治の助けとせよ。何ごとも金沢実時《かねさわさねとき》と相談し親密に交流するように」と教え諭した。実時は経時と同年齢の北条一門の青年で、のちに金沢文庫を創設することになるような人物であり、経時の相談相手にふさわしいと泰時が考えたのである。これもまた、執権後継者養成のための、英才教育の一環であったろう（『吾妻鏡』）。

経時への叱責と時頼への賞賛

ところが、そのわずか四日後の十一月二十九日、泰時をいっそう不安にさせるような事件が起きた。鎌倉の若宮大路で、別々に酒宴をしていた三浦一族と小山《おやま》一族が些細なことから喧嘩となり、それぞれの縁者がかけつけて大騒ぎとなった。驚いた泰時は後藤《ごとう》基綱《もとつな》と平盛綱らを派遣して、双方をなだめさせて事態をおさめた。翌三十日、泰時は喧嘩の当事者多数を叱責するとともに、経時と時頼にも諭した。というのは、前夜の事件で経時は、武装させた従者を祖母の縁者である三浦側の加勢に駆けつけさせ、時頼は、双方の事情を聞くこともせず、何の行動もしなかったのである。これについて泰時は、「おまえたちはそれぞれ将来は将軍の後見をつとめる身である。御家人たちに対して公平でなければならない。経時の行為ははなはだ軽率であり、しばらく出仕をしてはならぬ。時頼の配慮はまことに正しく、おって褒美をあたえる」と述べた（『吾妻鏡』）。

この『吾妻鏡』のエピソードは、時頼の沈着冷静さを物語るものとしてしばしば引用されるが、事実であるかどうかを疑わせる点もある。泰時は二人がそれぞれ将来の執権であると述べているが、何ごともなければ経時とその子孫が執権となり、時頼が執権になることなどは考えられなかったはずである。実際には、経時が早死してしまったので、時頼に想定外の執権職が回ってくることになったのだが、それは泰時の予測しないことであったろう。このことから奥富敬之氏は、弟の時頼が執権に就任したことを正当化するためにのちにつくられた話ではないかと指摘している（『鎌倉北条一族』）。その可能性は高いと思われるが、たとえそうでなくても、次男坊である時頼は、兄に遠慮して主体的に判断をくだして行動することを日ごろから避けていたのではなかろうか。

事件の少し後の十二月五日に、時頼は泰時から村一つ（場所は不明）を与えられている（『吾妻鏡』）。これは、先の喧嘩での態度に対するものではなく、御所の宿直を真面目につとめたことに対する褒美であった。言われたことをひたすら真面目につとめている、そんな若者像が浮かびあがってくる。

時頼が真面目な勤務態度によって泰時から褒美をもらったことと、小山と三浦の喧嘩の際に経時が処罰を受けたこととが、それぞれ事実としてあって、のちに経時と時頼の器量を対比させるようなエピソードにつくりかえられたのかもしれない。なお、同じ日、経時は出仕を許されている（『吾妻鏡』）。執権を継ぐべき経時と、それを支えるべき弟時頼の教育に、泰時は全力を尽くしていたのである。

四　兄経時の治世

泰時の死

仁治三年（一二四二）五月九日、執権北条泰時は病気のため出家し、上聖房観阿《じょうしょうぼうかんあ》と名乗った（『鎌倉年代記　裏書』）。泰時の家来五十人ほどが後を追って出家し、日ごろから疎遠な仲と噂されていた弟の名越朝時《なごえともとき》も出家して世間を驚かせたという（『平戸記』同年五月十七日条）。しかし、出家後も病状は回復せず、ついに六月十五日に死去した。享年六十であった。この年は『吾妻鏡』の記事が欠落しているので幕府側の詳しい記録は残っていないが、京都の公家の日記に、泰時の死についての伝聞記事が残されている。たとえば、『経光卿記抄《つねみつきょうきしょう》』六月二十日条によれば、泰時が日ごろの過労に加えて赤痢を併発したという。また同史料の二十六日条によれば、泰時の臨終は高熱に苦しみ、さながら平清盛の最期のようであったと伝えている。この年の正月、泰時は公家の反対を押し切って強引に後嵯峨天皇を即位させている。上横手雅敬氏は、この件が泰時にとっては大きな心労となったのではないかと推測している（『北条泰時』）。

経時執権就任

泰時の死にともなって、翌十六日には孫の経時が執権となった（『尊卑分脈』、『系図纂要』）。このとき、経時は十九歳であった。経時の執権就任に際して、北条一族内部のゴタゴタ、つまり名越氏などの有力な庶流とのあいだに執権職をめぐる争いがなかったかどうか、正確なところはわからない。先に触れたように、泰時出家の翌日に弟名越朝時が出家して不思議がられていることは、何らかの不穏な動きがあったとも推測される。しかし、世間に知られるような大きな事件は起こらなかったようである。おそらくは、森幸夫氏が述べるように、六波羅探題で幕府の重鎮北条重時が、泰時重病の報を聞いて急遽鎌倉に下向し不穏な動きをおさめたものと思われる（『北条重時』）。そして、泰時死去の翌日に経時の執権就任が実現し、数週間後の七月十日には重時も京都へ帰還していること（『百錬抄』）などから、執権就任自体はきわめて平穏におこなわれたと推測される。

時頼の安堵文書発給

執権就任とともに、経時は泰時が保持していた得宗領を相続しており、仁治三年（一二四二）十一月十日には阿蘇社領に対する安堵の文書（『阿蘇文書』『鎌倉遺文』六一三六号）を発給している。興味深いことに、小口雅史氏が指摘するように、同じころに弟の時頼もまた、得宗領の津軽平賀郡に関する安堵の文書を発給しているのである（「津軽曽我氏の基礎的研究」）。それは、曽我惟重《そがこれしげ》に大平賀郷を安堵する同年十月一日の時頼袖判《そではん》奉書（『斎藤文書』『鎌倉遺文』六一一一号）、乳井郷《にゆういごう》阿弥陀堂別当職を小川幸秀《おがわゆきひで》らに安堵した同年十月一日時頼袖判奉書（『新渡戸文書』『鎌倉遺文』六一一二号）、曽我光弘に大平賀郷新屋淵村・長峰村を安堵した十月二十五日時頼袖判下文（『新渡戸文書』『鎌倉遺文』六一三〇号）の三通である。

津軽平賀郡の相続

ただし、これらの文書の存在は、時頼が特別な地位についたことを意味しているわけではない。七海雅人氏が述べるように、泰時の遺領に関し経時・時頼間で分割相続がおこなわれ、少なくとも津軽平賀郡は時頼が相続したことを意味している。そして、このような分割相続は、かつては義時の死後に津軽の郡地頭職《ぐんじとうしき》に関して泰時・重時の兄弟間で分割相続がおこなわれていた（「鎌倉時代の津軽平賀郡」）。したがって、泰時から経時への得宗家家督の代替わりに際して、弟時頼にもいくらかの所領が相伝されたことは、とりたてて大きな意味を持つとは思われない。実際、兄の執権就任後も、時頼は評定衆などの幕府内の役職には任じられてはいないのである。

若き執権経時を支えるべき連署の職は、六波羅探題の重時が適任であったと見られるが、彼に替わる六波羅探題が見当たらなかったか、将軍周辺に形成されつつあった反執権勢力の抵抗があったか、連署不在のまま経時の政権はスタートした。

評定衆の顔ぶれ

政権運営の中枢である評定衆は当時十八名で、北条氏からは政村《まさむら》、有時《ありとき》、朝直《ともなお》、資時《すけとき》の四名が名を連ね、経時の母方の伯父安達義景《よしかげ》とともに経時を支える形となっている。ただし、有時は前年の仁治二年（一二四一）十一月三十日に評定衆辞退を申し出て許されず

（『吾妻鏡』）、経時執権就任の翌年寛元元年（一二四三）以降は病気のため評定に参加しなかった（『関東評定衆伝』）ので、ほとんど経時を支える存在としての意義はなかった。そのかわり、寛元元年には、経時の妻の父にあたる宇都宮《うつのみや》泰綱《やすつな》が評定衆に加えられている（『関東評定衆伝』）。また、法曹官僚の清原満定《きよはらみつさだ》は、実務経験の豊富な事務官ではあるが、得宗家に近い立場の人物であったことがわかっている（増山秀樹「鎌倉幕府評定衆清原満定の政治的立場」）。

　これに対して、のちに反執権勢力として退けられることになる毛利（大江）季光、三浦泰村、後藤基綱、狩野為佐《かのうためすけ》、町野《まちの》（三善）康持《やすもち》らも同時に評定衆として在任中であった（『関東評定衆伝』）。人数にすれば五名で、明白な経時与党と拮抗している。毛利季光は時頼の妻の父でもあったから、この時点で単純に反執権派とみなすことはできないが、経時をめぐる政治状況はなかなかきわどいものであった。

泰時一周忌

　寛元元年六月十五日、鎌倉郊外粟船（大船）の御堂（のちの常楽寺）で、泰時の一周忌の仏事が営まれた。経時と時頼のほか、名越朝時、北条政村、朝直らが顔をそろえ、表面上は泰時なき後の北条一族が経時を中心に結束を固めている様子をうかがわせる。

　これと前後して、経時は、寛元元年六月十二日に正五位下に叙されている（『鎌倉年代記』）。ついで同年七月八日には、官職がそれまでの左近衛将監から、前執権泰時が就いていた武蔵守にうつり（『関東評定衆伝』）、執権にふさわしい位階・官職を順調に獲得していった。

時頼のほうも、同年閏七月二十七日に左近衛将監に任命されるとともに、従五位下という位を与えられている（『関東評定衆伝』、『鎌倉年代記』）。よって、この後は大夫（四位・五位の者をさす）の左近衛将監という意味で、「左近大夫将監」と呼ばれるようになる。十七歳で五位の位に昇るのは北条氏の子弟としては早いほうの部類に属するので、幕府内で特別な役職についていないとはいえ、時頼が執権経時の補佐役として期待される存在であったことは確かであろう。御家人のなかでも、五位以上の位を持つものは限られており、有力御家人の当主と肩をならべるような地位にはあったということである。

従五位下左近衛将監となる

時頼はこの時期、若手御家人の一人として、将軍頼経の周囲で儀礼的な役を真面目にそつなくこなしていたようである。頼経の後藤基綱邸訪問の供の一人としてつきしたがったり（『吾妻鏡』寛元元年九月五日条）、正月垸飯の儀式で馬の引き手や剣献上の役をつとめたり（同二年一月一日・二日条）、頼経の二所（伊豆・箱根の二社）参詣に御供をしたりしている（同二十一日条）。なお、垸飯での剣などの引出物献上役は、村井章介氏の指摘があるように、単なる儀式の役割にすぎず、特に将軍に密着した立場にあったわけではない（「執権政治の変質」）。

訴訟制度の改革

さて、執権就任後の経時は、何度かにわたって、訴訟制度の改革をはかっている（以下、いずれも『吾妻鏡』)。まず寛元元年(一二四三)二月十五日には、問注所《もんちゅうじょ》での判決草案作成について、重要案件は二ヵ月、中程度は一ヵ月、小案件は二十日と、それぞれ期限を決めている。

同二十六日には、評定衆を三つのグループに分けて、それぞれ月に五日ずつ会議日を定めて訴訟を担当させることにしている。これはおそらく、従来の全員参加の評定では欠席が多かったために、裁判の迅速・正確を期するためにおこなわれた改革で、時頼の執権在任中にスタートする引付《ひきつけ》制の先がけとなるような制度とみなせる(佐藤進一『鎌倉幕府訴訟制度の研究』、岡邦信「引付制成立前史小考」)。

次に、同年七月十日には、問注所での訴訟において、原告被告双方の書類が整っている場合は対決を省略して判決を下すように定めた。続いて同年九月二十五日には、判決原案を将軍に見せてから裁決の下知状《げちじょう》を作成するという手続きを簡略化し、将軍に見せることなく原案にしたがって奉行人《ぶぎょうにん》が下知状を作成するようにしている。

以上のように、経時の政権は、さまざまな形で裁判の迅速化をはかっていったことが注目される。しかし、経時の執権在任中最大の政治的事件は、何と言っても、寛元二年(一二四四)四月の将軍九条頼経の辞職である。頼経は建保《けんぽ》七年(一二一九)にわずか二歳で鎌倉に下り、嘉禄二年(一二二六)に九歳で将軍に就任してから十八年がたっていた。この間、将

九条頼経像（明王院所蔵）

軍頼経の周辺には北条氏庶流の名越光時や有力御家人三浦光村などの側近集団が形成され、北条氏嫡流の執権を中心とする勢力と対抗するようになっていたのである。

頼嗣の元服

『吾妻鏡』寛元二年四月二十一日条によると、この日、頼経の子の頼嗣《よりつぐ》が六歳で元服をした。烏帽子親は執権経時で、陪膳の役を時頼がつとめている。ちなみに頼経のときは、烏帽子親は執権泰時、陪膳は重時であった。頼嗣元服の少し前の三月六日に時頼が従五位上の位に昇進していること（『平戸記』、『関東評定衆伝』）や、重時が執権泰時に協力して幕府内で活躍したことなどを考えあわせると、経時が時頼を陪膳役に起用することで、時頼を自分の良き協力者と位置づけていることを広く知らせようとしたのではないかと推測される。

将軍頼経の辞任と頼嗣の就任

頼嗣元服の記事に続いて『吾妻鏡』は、「頼嗣は後日将軍に任命される予定である。

このことは、頼経が天変によって将軍辞職を急に思い立ったからで、しかも五月・六月は大事を慎むべき月と占いの結果が出ているので、今月おこなったのである」と記している。さらに、急ぎであるから、ということでこの日の夕方には将軍任命を要請する使者が京都へ派遣され、六日で到着するようにと命じられた。そして、四月二十八日、頼嗣を将軍に任命するとの宣旨《せんじ》が朝廷より下されたのである（『百錬抄』、『除目抄』）。同時に、頼嗣は従五位上・右少将に任じられている（『鎌倉年代記』）。

しかし、将軍が交替するほどの大きな天変地異はなく、頼経が当時二十七歳の働き盛りであるのに対して、頼嗣はわずか六歳。頼経の辞職は、当時の人々の目にも不自然に映ったようで、公家の平経高は日記に「六歳の将軍とはどういうことだろうか。今この時期の将軍の交替について、世間の目から見て、思い当たることはないのではないか。鎌倉の武士の考えはまったくよくわからない」と感想を述べている（『平戸記』同年四月二十八日条）。

頼嗣の元服が経時の主導でおこなわれ、非常に急いで将軍任命が申請されたことなどから、頼経の将軍辞職は、彼の政治的影響力を恐れた経時によって強制されたと見られる。経時は、反執権勢力となった将軍側近集団を解体するため、中心にいる頼経を将軍の座から引きずりおろしたのである。

第二　政治の表舞台へ

一　執権就任

大殿頼経

九条頼嗣《くじょうよりつぐ》の将軍就任にともない、経時《つねとき》と時頼も頼嗣の周辺で活動をするようになった。寛元《かんげん》二年（一二四四）五月五日には、京都から将軍任命の宣旨《せんじ》が鎌倉に届き、経時が御所に持参した。しかし、経時に対面してこれを受け取ったのは前将軍の頼経《よりつね》であった（『吾妻鏡』）。将軍辞任後も、頼経は「大殿《おおとの》」もしくは「前大納言家」という尊称で呼ばれてさかんに活動している様子が知られ（『吾妻鏡』）、依然として求心力を持つ人物として健在であったのである。この年に、頼経に近い三浦光村《みうらみつむら》と千葉秀胤《ちばひでたね》が新たに評定衆《ひょうじょうしゅう》に加えられているのは（『関東評定衆伝』）、反執権派（頼経派）の巻き返しと見られる（村井章介『北条時宗と蒙古襲来』）。

五月十一日には新将軍頼嗣主催の宴会が催され、「大殿」頼経のほか、経時と時頼もこれに伺候した。不自然な将軍交替の後も、将軍・前将軍と執権のあいだの友好的な関係が演出されていたのである。野口実氏によれば、もともと経時は頼経の烏帽子《えぼしご》であったり、小侍所《こさむらいどころ》別当をつとめたり、三浦泰村《やすむら》・家村《いえむら》と狩猟を楽しんだりと、頼経や三浦氏と親密な関係にあり、頼経派に対して取りうる態度にはおのずから限界があったという(「執権体制下の三浦氏」)。六月十三日には将軍の御行始《ごこうはじめ》がおこなわれ、時頼が供の一人として参加している。十二月七日には読書始がおこなわれ、経時が介添役をつとめ、時頼ほかが伺候した(いずれも『吾妻鏡』)。

政所焼失

この後、ちょっとした事件が起こる。十二月二十六日、経時の邸宅と時頼の邸宅が失火による火災に遭い、幕府の政所《まんどころ》も延焼したのである(『吾妻鏡』)。秋山哲雄氏によると、経時邸は鶴岡八幡宮の門前、若宮大路の東・小町大路の西に位置する場所にあり、泰時邸の北半分を継承したものであった。時頼邸は、小町大路を挟んで経時邸の東に隣接しており(現在の宝戒寺のあたり)、時房邸を継承したものであった(「都市鎌倉における北条氏の邸宅と寺院」)。邸宅の継承関係から見ても、時頼は、泰時にとっての時房のように、ゆくゆくは連署《れんしょ》として執権経時を支えることを期待されていたと思われる。そして、政所は経時邸と時頼邸の両方に隣接する場所にあったのである。

頼経上洛の延期

実は、前将軍頼経のみずからの意志により、一月ほど後に京都へ上ることが予定されており、出発日も翌年二月九日と決まっていた。ところが、政所に用意してあった上洛のための道具などがすべて焼失してしまったため、火災翌日の二十七日の評定の場で、頼経の上洛は延期と決定されてしまった（『吾妻鏡』）。

ところで、頼経はかつて仁治《にんじ》元年（一二四〇）にも上洛を計画しているが、二月六日に政所と御倉が不審火で焼失した（『吾妻鏡』）ことが原因で中止になっている。上杉和彦氏によると、将軍上洛は、御家人や庶民に過重な費用負担を強いるものであるとともに、将軍に直訴する者があらわれる可能性もあり、幕府としては極力回避したいものであった。そして、頼経の二回の上洛を阻むことになった政所の炎上は、北条氏による意図的なものである可能性がきわめて高いという（「鎌倉将軍上洛とその周辺」）。

頼経の父九条道家《くじょうみちいえ》は、当時の朝廷の中枢にあり、上洛によって頼経の政治力の大きさが誇示されることは、頼経を将軍の座から追い落として影響力を弱めようとした経時にとっては、望まないことであったに違いない。経時は、頼経上洛を阻止するためには、みずからの邸宅や弟時頼の邸宅を犠牲にすることもやむをえないと考えたのかもしれない。真相は闇のなかであるが、とにかく結果として前将軍上洛は、中止に追いこまれたのであった。

頼経出家

半年後の寛元三年（一二四五）六月二十七日、経時と時頼は、それぞれ元の場所に建て直された邸宅に引っ越している（『吾妻鏡』）。それまでは別の場所に仮住まいしていたと思われるが、その場所はわかっていない。

同年七月五日には、上洛中止に気を落としたこともあるのか、経時側の攻勢をかわそうという意図もあったのか、前将軍頼経はみずからの持仏堂であった久遠寿量院《くおんじゅりょういん》で出家をした。『吾妻鏡』によれば、ここ数年の願望でもあり、この年の春に彗星があらわれるという不吉な状況もあり、またみずからが病になったこともあったので出家したという。法名は「行智」といった（『公卿補任』）。しかし、出家によって頼経の行動に変化が生じたようなことはなく、あいかわらずさまざまな活動をおこなっており、『保暦間記《ほうりゃくかんき》』には「入道将軍と称して、頼嗣が幼いので、出家ののちも政治に関与した」と記している。

頼嗣と時頼妹の結婚

これに対して、経時が打った次の手は、将軍頼嗣にみずからの妹を嫁入りさせることであった。同年七月二十六日の夜、経時と時頼の妹である檜皮姫《ひわだひめ》は、供の武士たちに守られながら頼嗣の御所へ迎え入れられたのである。檜皮姫は十六歳、頼嗣はわずか七歳であった。この日は暦のうえではあまり縁起の良くない日であると進言する者もあったが、あえて強行したのである（『吾妻鏡』）。経時が、余計な邪魔のはいらないうちにと、かなりことを急いだことが想像される。この結婚によって、北条氏は頼嗣の外戚となり、現任の将軍の後見役という立場を獲得したのである。

経時の発病

経時が、檜皮姫の嫁入りを急いだ理由の一つには、自身の体の不調、ということもあったかもしれない。この前後、経時は再三体調を崩しているのである。この年の五月二十九日に「黄疸」を発病したが、六月十九日には快復している。しかし、檜皮姫の嫁入り直前、七月二十四日にはまた体調不調により隆弁が祈禱をおこなっており、七日後にはなんとか快復している（『吾妻鏡』）。経時は、病床で妹の嫁入りの成り行きを案じていたということになる。このときは、経時の病状がかなり危険な状態だという情報が、京都には伝わっていた（『平戸記』同年八月六日条）。

続いて、九月二十七日、経時はまたまた発病し、一時は意識不明に陥り、鎌倉中が大騒ぎとなった（『吾妻鏡』）。十月十一日には、前将軍頼経のための酒宴を取りしきっているので（『吾妻鏡』）、それまでには快復したようであるが、綱渡りのような日々が続いていた。

この間、時頼はこれといって目立った活動をしてはいない。経時を気遣いつつも、みずからに与えられた役をコツコツとつとめていたのであろう。唯一注目されるのは、寛元三年十月十九日に、由比ヶ浜に建てられた鶴岡八幡宮の大鳥居を検分していることである（『吾妻鏡』）。八幡宮の浜の大鳥居は、鎌倉の出入り口を象徴する重要なランドマークであり、その検分役は執権経時がふさわしいが、病み上がりということで時頼が名代となってつとめたのではなかろうか。体調が思わしくない経時が、もし自分に万一のことがあった場合には、実直で信頼できる弟時頼にあとを託したいと、意識し始めたことを示すものであろう。なお、翌寛元四年（一二四六）正月四日には、前将軍と将軍の父子が御行始として時頼邸を訪問しているが、これは経時の代役というわけではない。

寄合の初見

そして、ついに寛元四年三月二十一日、経時は深刻な病状に陥り、治療や死後の冥福を祈る「逆修《ぎゃくしゅ》」の仏事などがあわただしくおこなわれ、二十三日には経時邸で「深秘の御沙汰」と呼ばれる重大な秘密会議が開かれた（『吾妻鏡』）。この会議は、のちには「寄合《よりあい》」とも呼ばれ、得宗とその周辺のごく身近な人々によって構成される私的な会合でありながら、実質的には幕府の最高意思決定機関となる会議で、このときにはじめて史料上に姿をあらわしたのである。

執権交替の決定

会議の結果、執権の職が経時から時頼に譲られることとなった。この人事は、経時の命が明日をも知れぬ状態である上、経時の二人の子息が幼少であることから、さまざまな混乱を防ぐため、将軍頼嗣のご命令という形をとっておこなわれるが、実際には経時の発案によるものという（『吾妻鏡』）。

奥富敬之氏は、右の『吾妻鏡』の記述に、幼少の将軍の命令で混乱が治まるように記したり、経時の発案であることを強調したり、不自然なところが見うけられることや、そもそもこの重大事が秘密会議で決定されたことから、執権交替に何か裏があったのではないかと推測する（『鎌倉北条一族』）。また、頼経らと連携するような指向性を見せた経時の動きを阻止するために、時頼が経時を引退させてみずから執権の座に就いた、とする説もある（渡辺晴美「北条時頼政権の成立について」）。しかしながら、この時点の時頼は強力なリーダーシップを発揮できるような立場にはなく、少なくとも執権交替を時頼自身が主導したとは考えにくい。いずれにせよ時頼は、ただちに了承し、ここに執権時頼が誕生したのである。時頼は、二十歳になっていた。

執権就任

経時の後継の執権について、経時子息に嗣がせるということも選択肢にはなりえたが、経時の長男（隆時。のちに出家して隆政と名乗る）が当時六歳、二男（のちに出家して頼助と名乗る）が三歳ということで、あえて経時自身が弟の時頼を強く推したものと想像される。

前将軍頼経を中心とする勢力と対抗するには、幼少の執権を時頼やほかの一門の人間が補佐するという体制では危うい、という判断であろう。同時に経時らが恐れたのは、北条氏一門でありながら得宗家と対抗する勢いを持ち、のちに時頼に背くことになる名越光時《なごえみつとき》の存在である。経時の死後に執権を決めようとすれば、幼少の経時子息を退けて、光時が執権の座につきかねないため、名越氏が主導権を握る前に、急ぎ得宗家の人間に執権を相続させようとしたのである。

二日後の二十五日、時頼は執権就任のあいさつのため、将軍頼嗣と前将軍頼経に対面している。将軍頼嗣の命令という大義名分を、あらためて確認したものと思われる。頼嗣と頼経の承認を得た上は、頼経の周辺勢力も表だって時頼の執権相続に反対はできなかったであろう。続いて翌二十六日には、時頼は執権としてはじめて評定をおこなった(『吾妻鏡』)。まるで、執権就任の既成事実化を急いでいるかのようなあわただしさである。このあたりの手順についても、先の寄合で綿密な根回しができていたのであろう。

経時出家

すばやい執権交替が成功したと見え、時頼の執権着任直後には、目立った反発の動きは見られない。経時は一安心したのか、二十七日には出家の意思を内々に頼経に申し入れている。そして四月十九日、病状が重く、すでに執権職も譲ったからという理由で、経時は出家をとげた。法名は「安楽」とつけられ、戒師は勝長寿院《しょうちょうじゅいん》別当の良信であった(『吾妻鏡』)。

経時の死

出家してまもなくの閏四月一日、経時は二十三歳で亡くなった(『吾妻鏡』、『鎌倉年代記』など)。三日後に京都に届いた幕府からの知らせによれば、酉刻(夕方六時ごろ)のことであったという(『葉黄記』同年同月四日条)。翌二日、経時は鎌倉の西方、佐々目《ささめ》の山麓に葬られた。のちにこの墓所が発展して成立した寺院が、鎌倉における真言密教の一拠点であり、経時遺児の頼助《らいじょ》も住むことになる、遺身院《いしんいん》という寺院と見られる(福島金治「仁和寺御流の鎌倉伝播」）。

兄の死によって時頼は、いよいよ自分一人の力で幕府政治を担っていかなければならなくなったのである。

二　寛元の政変

時頼の支持派と反対派

新執権時頼をとりまく権力状況も、兄経時の場合と同様、厳しいものであった。執権を補佐すべき連署は、時頼の執権就任時にも置くことはかなわなかった。また、村井章介氏によれば、寛元四年（一二四六）初頭の評定衆二十一名のうち、反時頼派が八名を占めていた。具体的には、毛利《もうり》（大江）季光《すえみつ》、海東《かいとう》（大江）忠成《ただなり》、三浦泰村《みうらやすむら》、後藤基綱《ごとうもとつな》、狩野《かのう》為佐《ためすけ》、三浦光村、千葉秀胤、町野《まちの》（三善）康持《やすもち》である（「執権政治の変質」）。対して、評定衆のなかの時頼側メンバーとしては、北条氏の政村《まさむら》、朝直《ともなお》、資時《すけとき》の三名と、時頼の母方の伯父である安達義景《あだちよしかげ》などがあげられる。なお、先にも述べたように、毛利季光は時頼の妻の父でもあり、単純に反執権派とみなすことはできない。同じく先に触れたように、事務官僚の清原満定《きよはらみつさだ》は得宗家に近い立場である。

反時頼派の中心は名越光時

さらに、評定衆以外の反時頼派の急先鋒としては、北条氏庶流の名越光時がいた。村井章介氏は、幕府の正月行事である垸飯《おうばん》においては、正月一日〜三日の沙汰人（幹事）が幕府内の地位の一位〜三位に相当すること、その高位者のなかには名越氏の祖である朝時《ともとき》がおり、名越氏が執権・連署・六波羅探題の重職につかなかったのは、家格が低かったからではなく、むしろ得宗家に匹敵する格の高さによるということを指摘している（『北条時宗と蒙古襲来』）。

名越氏の立場

名越朝時は寛元三年（一二四五）に死去しており、その後は子息の光時が継いでいた。当主光時が加賀・能登・越中・越後・佐渡・大隅の守護を、弟の時章《ときあき》が筑後・肥後・大隅の守護を歴任しており、名越氏は地方にもあなどりがたい基盤を築いていたという（村井章介『北条時宗と蒙古襲来』）。そのような名越氏が、時頼の執権就任に不満を覚えるのも当然であろう。奥富敬之氏が述べるように、名越氏の人々には、時政以来の名越邸を相続する自分たちの系統こそ真の北条氏の惣領家であるという自負があり、光時こそが次の執権につくべきとの考えがあったのである（『鎌倉北条一族』）。

以上のように、執権時頼に反発する人々は、北条一門の名越氏と、三浦・千葉・後藤の有力御家人層、大江・三善の有力官僚層を含む、一大勢力であった。そして、彼らがよりどころとしたのが二十年近く将軍をつとめ、将軍職を追われながらも鎌倉に居座り続けている九条頼経であった（村井章介「執権政治の変質」）。

鎌倉中で騒動発生

時頼の執権就任直後こそ、何ごとも起こらなかったものの、経時が死去するとたちまち不穏な動きが見え始めた。経時没後十七日目の寛元四年（一二四六）閏四月十八日の夜、亥刻（午後十時ごろ）、にわかに鎌倉中心部が騒がしくなり、甲冑をつけた武士たちが町中にあふれ、明け方になってようやく静かになった。これは、さまざまな噂が流れたためらしい（『吾妻鏡』）。

いったん騒ぎは静まったかに見えたが、『吾妻鏡』の二十日条には、「関東周辺の御家人が続々と鎌倉に駆けつけ、その数はいく千万と知らず、連日騒がしくいっこうに静まらない」と記している。この後しばらく、『吾妻鏡』には騒動の記事がピタリと出てこなくなるが、右の記事に「連日」とあり、『鎌倉年代記　裏書』には「閏四月以後、鎌倉中騒動」とあることから、騒然とした状況が継続していたと見るべきだろう。この騒ぎは、疑心暗鬼となった時頼方と反時頼方が、互いに味方となる御家人を召集し、牽制しあったことによるものであろう。この後の動きから見て、時頼方の急先鋒である安達氏あたりが、さかんに挑発をおこなったのではなかろうか。

頼経と光時による陰謀の発覚

五月に入って、ついに前将軍頼経と名越光時を中心とする時頼排除の陰謀が発覚し、あわや合戦になりそうな状況となった。『鎌倉年代記　裏書』によれば、「名越光時は頼経の側近であったため、毎夜輿に乗って頼経のもとに参じて謀叛を勧めた、という噂が流れた」という。『保暦間記』も、「光時は頼経の側近として覚えがめでたかったので、おごり高ぶって、『自分は義時の孫であるが、時頼は義時の曾孫である』と言って自分こそが執権となろうと企て、頼経もまたこれに味方したが、この企ては露見した」としている。

また、『百錬抄《ひやくれんしよう》』の六月八日条には、「関東で騒動が起きたという噂である。明日、関東からの使者が到着する。前将軍頼経が起こした反逆事件に関するものである」とある。したがって、時頼排除の陰謀が頼経とその側近名越光時の主導によるものであったということは、当時の人々の目にも明らかなことであった。

安達義景の動き

もう少し具体的な動きを、『吾妻鏡』によって時間を追って記してみよう。五月二十二日の寅刻（午前四時ごろ）、時頼の伯父安達義景の甘縄の屋敷周辺が騒々しくなり、騒ぎがさらに広がった。時頼方の主要人物である義景が、反時頼方との合戦に備えて兵を集めたか、さらに先制攻撃をしかけようとして策動したかであろう。いずれにせよ義景は、反対派に対して断固たる態度に出るようにと、みずからの行動をも示しつつ時頼に決断を迫ったのであろう。

時頼の防備

時頼はただちに反対派を攻撃することは差し控えたが、二十四日にはついに行動を起こした。この日の申刻（午後四時ごろ）から、鎌倉の住民たちは、合戦が起こりそうな情勢を察知して、財産や家財道具を避難させるために東に西に走り回っていた。このときすでに、時頼は得宗被官らに命じて鎌倉中の辻を警備させ、交通上の要所をみずからの兵で押さえていたのである。

とりわけ、若宮大路の交差点の一つ「中《なか》の下馬《げば》」を、被官の渋谷一族らに厳命を下して守備をさせた。中の下馬は、南方から頼経の若宮大路御所へ向かうときには必ず通過することになる重要な拠点であった。時頼邸は、御所の東北、わずか百メートルほどの位置にあったので、北から御所へ向かう者は、時頼邸の前で阻止することができる。したがって、南方のチェックポイントとして中の下馬を押さえる必要があったのである。また、永井晋氏は、中の下馬は、鎌倉から三浦方面への出入り口となる小坪口に通じていたため、頼経方の三浦氏の軍勢が鎌倉に突入するのを防ぐため、厳重に警備させたとする（『鎌倉幕府の転換点』）。

将軍御所の孤立化を図る

時頼の命により、中の下場では、御所に行こうとする者は通行が許されず、時頼に味方する者のみが通行を許可されたので、喧嘩・衝突が頻発した。反対派の一人で評定衆の狩野為佐は、御所へ行こうとして中の下馬で追い返された。時頼は、頼経の御所の周辺を包囲して孤立させ、頼経・光時に味方する勢力が近づけないようにしてしまったのである。この時頼の行動を、永井晋氏は「戒厳令」を布いたと表現しているが（『鎌倉幕府の転換点』)、このときの鎌倉はまさに戒厳令下にあったのである。

夜半になって、武士たちが甲冑をつけ旗を掲げて走り回り、それぞれの立場に応じて御所あるいは時頼邸に駆けつけた。さまざまな噂があり、「名越光時の謀叛が発覚した」という噂が飛びかった。この噂が広がったのは、おそらくは時頼派の情報操作によるもので、謀叛の首謀者が光時であるとの認識を示し、前将軍頼経と分断することで、反対派の結束を乱そうとしたのである。

翌二十五日、あいかわらず鎌倉は騒然としており、特に時頼邸の警護は非常に厳重で、甲冑をつけた兵士が四方の周囲に配置されていた。御所を監視下に置くだけでなく、時頼自身の防御も完全に固められたのである。もはや、勝敗は明らかであった。あわてた頼経は、卯刻（午前六時ごろ）、みずからの側近で陰謀の参加者でもあった藤原定員《さだかず》を使者として時頼邸に派遣したが、時頼は被官の諏訪《すわ》盛重《もりしげ》・尾藤《びとう》景氏《かげうじ》に命じて、これを邸内に入れずに追い返させている。今さら弁明は受けつけないという強い姿勢を、頼経本人と反時頼派に示したのである。

頼経の弁明を拒絶

いっぽう、名越光時は前夜から御所に詰めていたが、明け方になって、異変を知った家臣に呼び出されて、急いで御所を退出し自邸に戻った。このとき、御所を包囲していた時頼方は、光時を拘束して討ちとることもできたはずであるが、あえて見逃したことになる。時頼としては、ことを荒立てて大きな合戦とならないよう、できるだけ穏便におさめたかったのであろう。名越邸を包囲しつつ、光時が観念して投降してくるように、直接・間接に圧力をかけたものと思われる。このあたりにも、決定的な衝突を嫌い、慎重にことを進めようとする時頼流の気配りが感じられる。

光時の出家降服

その結果、光時は御所の頼経のもとに戻ることもできず、味方の軍勢を動かすこともできず、ついに罪を認めて出家し、切った髪を時頼に差し出した。法名は「蓮智」という（『吾妻鏡』六月十三日条）。

今回の事件は、時頼を追討する計画に賛同した者たちが起《き》請文《しょうもん》に連署して結束を誓い、その張本は名越一族であるという、もっぱらの噂であった。しかし、この噂が出るやいなや、光時の弟の時章・時長・時兼らは、野心はないと時頼に陳謝して許しを願っていたので、時頼もその言い分を認めて罪に問わなかった。おそらくは、名越一族との正面衝突を回避するために、時頼の側から根回ししたのであろう。

名越時幸の死

同じ弟のうち、時幸《ときゆき》はこの日出家しており、光時と同じく強硬な反時頼派に属していたようである。時幸の出家を『吾妻鏡』は病気のためとし、六月一日に死去した際の記事にも、特に死因を記していない。しかし、後嵯峨上皇の院司である葉室定嗣《はむろさだつぐ》の日記『葉黄記《ようこうき》』には「自害」とあり（六月六日条）、反時頼派の中心人物であったために追いつめられて自害したと見たほうが自然である。『吾妻鏡』が時幸の謀叛加担に触れないのは、できるだけ事件の範囲を小さくとどめ、時幸の死を不名誉なものとして記録されないように取りはかろうとした時頼の意向が反映されているのではないか。つまり、幕府の公的見解としては、あくまでも時幸の出家・死去は病気によるもので、名越氏の反逆は頼経側近の光時一人の暴走によるもの、ということである。

名越一族も決して一枚岩ではなく、謀叛の罪を頼経側近の光時や、それに同調する時幸に押しつけて、一族の危機を切り抜けようとする動きもあったのである。

そのほか、頼経側近の藤原定員も陰謀の罪で出家し、安達義景に身柄を預けられた。その子定範も、同じく陰謀に加わったとして処罰された。この二十五日に、ほぼ事件は収束したのである。

二十六日、時頼邸で寄合が開かれた。参加者は時頼のほか、北条政村、金沢《かねさわ》(北条)実時《さねとき》、安達義景で、時頼政権の最中枢のメンバーである。事件の事後処理、とりわけ頼経の扱いや、反対派の主力でありながら今回は動きを見せなかった三浦氏への対応などが話し合われたのであろう。

後藤基綱らの評定衆解任

事件の余波はさらに続く。六月七日、評定衆の後藤基綱、狩野為佐、千葉秀胤、町野康持が解任された。康持は問注所執事の職も解かれている。その理由を『吾妻鏡』は、

九条道家像（東福寺所蔵）

単に「事件があって」と記すだけであるが、この「事件」が光時らの陰謀を指すことはあまりにも明白である。

京都への情報と九条道家の動き

この間に、鎌倉での騒動は不確かながら京都へも伝わっており、前関白近衛兼経《このえかねつね》の日記『岡屋関白記《おかのやかんぱくき》』は、六月二日条に「関東でちょっとした喧嘩があったようだ」と記している。それが九日条では、「鎌倉で事件があったそうだ。九条頼経が陰謀をめぐらせ、武士に命じて時頼を討とうとし、調伏の祈禱もさせたが、これが発覚して騒動となり、藤原定員を捕らえて拷問に懸けたところ、事実を白状したという。定員の子（定範）は証拠の手紙を焼いて自殺したという。頼経は幽閉されたらしい。使者の通行が禁止されていて京都の人々には真相がわからず、九条道家は恐れ入っているとのことだ。なお、定員の子の話はデマだという」という具合に変わっている。

右の記事で九条道家が恐れ入っているというのは、自分の子である頼経が、時頼打倒の陰謀の張本人だという情報が流れてきたからである。あわてた道家は、六月十日に自分が陰謀に無関係であることを誓った起請文を書いている（『九条家文書』）。この文書で道家は、二点について、偽りないことを神仏に誓っている。第一点は、頼経から何も言ってきていないので近日の事件の経緯は知らないし、相談されたこともないのでこの件に同意もしていないということ、第二点は、先に経時を呪詛して死にいたらせたと噂されていることについて、自分もしていないし、人にさせたこともないということであった。経時の死にまで九条家の関与が疑われるようになっており、道家としては幕府に申し開きをする必要に迫られていたのである。

三浦氏との協調

同じ十日、時頼邸では寄合が開かれた。参加者は、時頼のほかに北条政村、金沢実時、安達義景、三浦泰村、諏訪盛重、尾藤景氏、平盛時《たいらのもりとき》であった。盛重以下の三人は、得宗被官である。三浦泰村は、内々に時頼に従うことを伝えていたので、意見を聞くためにメンバーに加えられたという。

実は寄合に先がけて、六日の深夜に、泰村の弟の家村がひそかに諏訪盛重を介して時頼に何ごとかを伝えている。これを聞いた時頼は、盛重を使者として頼経と数度問答し、明け方に家村は帰った（『吾妻鏡』）。三浦泰村は、自分が今回の陰謀と無関係であることを主張して自己の保身をはかり、時頼はもはや三浦氏が時頼と協調する道を選択したことを頼経に伝えて引導を渡したのであろう。そして、このときに、光時と頼経の処遇はほぼ定まったと見られる。

これを受けて開かれた十日の寄合の内容は、光時・頼経の処分内容を最終的に決定したと思われる。反時頼派の重要人物と見られていた三浦泰村の同意を取りつけることが最大の目的であったろう。三浦氏を味方に取り込むことで、時頼は頼経を完全に孤立させることに成功したと言える。

光時らの処分

十三日、謀叛人に対する処分が公表された。名越光時は越後国以下の所領をほとんど没収した上で、伊豆への流罪。千葉秀胤は上総へ追放（『吾妻鏡』）。ただし、光時は「伊豆国の江間宅へ赴く」とあるので、伊豆江間郷の北条氏の旧宅で謹慎ということであり、秀胤についても上総は自己の本拠地である。したがって、意外に寛大な処分ともみなせる。新政権を発足させたばかりの時頼が、できるだけ決定的な対立を避け、事態を早く収束させようとした結果であろう。

頼経の上洛を通告

十五日には、鎌倉からの使者として安達泰盛《やすもり》が六波羅探題の北条重時のもとに到着し、来月十一日に頼経が上洛することを伝えている（『葉黄記』）。泰盛は安達義景の子であるが、『葉黄記』では「重時の使者」と表現されており、泰盛と重時の密接な関係がうかがわれる。そしてそもそもこの政変は、直接には五月二十二日の義景のデモンストレーションをきっかけとして始まったのであった。そうなると、森幸夫氏が述べるように、騒動の始まりと終わりに安達父子が登場することから、安達氏がこの政変を主導したと見られ、重時もこれに連携していたということになる（『北条重時』）。

宮騒動

この年の閏四月に始まる一連の騒動について、『鎌倉年代記　裏書』は、「宮騒動と号す」と記しているが、「宮騒動」という言葉の由来は不明である。「宮」が事件の背後にいた頼経のことを指すとしても、頼経は藤原摂関家の一つである九条家の人間で、宮と称されることはありえない。あるいは、結果的に摂家将軍の追放・親王（宮）の将軍の誕生へとつながった騒動、という意味かもしれないが、宗尊《むねたか》親王の将軍就任は六年後の建長四年（一二五二）のことであり、時間的なへだたりがあまりに大きい。ことによると、後年の宗尊親王の追放事件と混同してしまったとも考えられるが、はっきりしたことはわからない。

三　前将軍の送還

頼経追放

時頼打倒計画の背後にいた前将軍九条頼経は、事件が一段落したのちに、京都へ上洛することとなった。六月十六日に前関白近衛兼経が聞いたところでは、「来月十一日に頼経が京都へ上らされる。頼経の上洛の望みをかなえると公表されているが、実のところは追放である」ということであった（『岡屋関白記』）。今後もまた機会をうかがって反時頼派が前将軍をかつぎ出すことを恐れて、時頼は頼経を京へ追い払うことにしたのである。

六月二十七日、頼経は上洛の門出の儀式のため、御所から北条時盛の佐助の邸宅へと移った。この日時頼は、上洛の道中にあたる宿駅に対して馬・人足などの準備を指示している。さらに七月一日には、時頼は頼経の宿泊予定の宿へ、酒と肴を送り届けている（『吾妻鏡』）。追放するとはいえ、前将軍に対する礼儀というものであろうか、時頼らしい律儀さで、周到に準備を進めている様子がわかる。

頼経の鎌倉出発

七月十一日、いよいよ頼経の鎌倉出発の日が来た。明け方、頼経は長年住み慣れた鎌倉を後にした。ときに頼経は二十九歳、あとに一人残される将軍頼嗣は八歳であった。京都において頼経に仕える者として十二人が同行し、道中のみの御供として十五人の御家人が付き従った。そのほか大僧正道慶《どうけい》・僧正縁快《えんかい》などの高僧数人と、陰陽道の専門家数人が、頼経と行動をともにすることを望み、京へ帰ることになった（『吾妻鏡』）。

供の御家人十五人のなかには、頼経とつながりが深く寛元の政変で評定衆を解任されたばかりの後藤基綱・狩野為佐や、同じく頼経の側近でのちに時頼に反旗を翻す三浦光村も含まれていた。あえてこのような人々を供に加えたのも、時頼の気配りのあらわれであろうか。十五人の筆頭にあげられているのが北条時定《ときさだ》（時房の子）で、彼の妻は時頼の妹であるから、時頼とは義兄弟ということになる。この時定が時頼の名代、いわば時頼から付けられたお目付役として、道中を取りしきったのであろう。

一行は十八日をかけて東海道を上り、七月二十八日寅刻（午前四時ごろ）に粟田口から京へ入り、六波羅探題北条重時の別荘である若松殿に到着した（『吾妻鏡』、『葉黄記』）。若松殿は、六波羅の南東にあった邸宅で、もともと藤原邦綱《くにつな》の邸宅であったものを代々の探題が管理していたと考えられる（高橋慎一朗「『武家地』六波羅の成立」）。

三浦光村の言動

八月十二日に、北条時定をはじめ、頼経を京へ送り届けた武士たちが鎌倉へ帰着した。その報告によると、「八月一日に供の武士たちは京都を出発したが、三浦光村だけは頼経のそばに残ってなおも数時間をすごし、涙を流し続けた。二十数年間お側に仕えたのでお互いに名残がつきなかったようである。その後光村が人々に、『必ずやもう一度、頼経様を鎌倉に迎え入れたい』と語った」ということである（『吾妻鏡』）。この三浦光村の言動は、三浦氏が今回の陰謀に決して無関係ではなかったことをあからさまに示すものである。

帰着した武士のなかで時定の名だけが特に記されていることから、やはり彼が一行の代表格であったようである。右に記した光村の言動なども、時定が時頼に報告したものであろう。時定は、お目付役としての任務を無事に果たしたわけで、時頼の人選の確かさをも示している。いずれにせよ、厄介者の頼経を無事に京へ追い払い、時頼はほっと一息ついたことであろう。

九条道家の立場

頼経上洛の余波は、京都の政界にも及んだ。当時朝廷の政治を主導していたのは、頼経の父道家である。道家は摂政・関白の座を退いてはいたが、摂政一条実経《いちじょうさねつね》の父であり、また関東申次《もうしつぎ》として幕府と朝廷の交渉窓口をつとめていた。そして子の頼経が前将軍として鎌倉で影響力を持つ立場にあったことから、幕府の後援を受けて、朝廷内で大きな発言権を持っていた。

したがって、頼経が鎌倉から追放されることは、道家にとっては幕府の後ろ盾を失うことを意味し、さらに時頼打倒の陰謀に道家自身が関わったとみなされれば、幕府を正面から敵に回すことになる。そうなれば、道家の朝廷内での主導的な地位も失われることになる。寛元の政変の報を受けて、道家がパニックに陥ったのも当然である。

六月十日に九条道家が鎌倉の陰謀と自分が無関係である旨の起請文を記したことは先に述べたが、六月二十六日には重ねて長文の起請文を書いて、鎌倉の陰謀に加わっていないことを神仏に誓っている（『九条家文書』）。さらには、七月十六日に、みずからが陰謀に加わっているという噂がまったくの事実無根であることや、頼経の上洛は道理に合わないことなどを延々と書きつづり、家門の存続をこいねがう内容の願文《がんもん》を、藤原氏の氏神である春日社に納めている（『春日社記録』）。

道家の排除を要求

しかし、道家の願いも空しく、時頼は頼経追放に続いて、道家の排除に乗り出した。八月二十七日、六波羅探題北条重時は、院司葉室定嗣を呼び出し、時頼からの指示として、徳政（政治改革）をおこなうべきこと、および関東申次を道家から別人に交替させることを後嵯峨上皇に申し入れるよう伝えた（『葉黄記』）。こうした時頼の意向を伝え聞いたのであろうか、九月一日、道家は四人だけを供として、みずから京都郊外の西山に籠もり、謹慎の体裁をとった。

頼経追放の余波

頼経追放の影響は、宗教界にも及んだ。熊野三山検校の地位は、もともと覚仁《かくにん》法親王が望んでいたが、頼経の強力な後押しによって、前大僧正の道慶が四月十九日に補任《ぶにん》されていた。実は道慶は九条道家の弟、つまり頼経の叔父にあたる人物で、その縁で幕府が推薦したのである。平雅行氏によれば、道慶は頼経の推挙によって大僧正に任命され、のちに鎌倉にくだって将軍の護持僧として活躍し、祈禱の面で頼経を支える人物であったという（「鎌倉における顕密仏教の展開」）。ところが、政変で頼経が追放されることとなり、先に見たように道慶もともに京へ帰ることになった。さらに、九条家の影響力そのものが低下したことから、少し後のことになるのだが、十一月十五日には道慶にかえて覚仁法親王が三山検校の地位を獲得しているのである。（『熊野山検校次第』、『葉黄記』三月十五日条、十一月十五日条）。

四　体制建て直しの日々

重時の連署就任案と三浦泰村の不同意

さて、時頼にとっては気の抜けない状況が続いており、寛元四年（一二四六）九月一日、時頼は三浦泰村を招いて、世情のことをあれこれと相談した。そのなかで時頼は、「自分は愚鈍の身でありながら将軍の政を補佐しており、独りよがりに陥ることをすこぶる恐れている。そこで六波羅探題の北条重時を呼び寄せて、万事相談したいと、日ごろから考えているのだが」と述べ、重時を鎌倉に呼び戻して連署に迎えることを提案した。しかし、泰村はこれに反対したので、重時の連署は実現しなかった（『吾妻鏡』）。

重時は、時頼が一族のなかで誰よりも信頼している人物で、政治的な経験も豊富であった。彼を連署にすれば、時頼政権は盤石となるが、北条得宗家と対抗して勢力を保持したい三浦氏としては、重時の連署就任は望ましくないことだったのである。

そこで時頼は孤軍奮闘して、将軍頼嗣をシンボルとする新体制作りに邁進していった。九月十二日、将軍のお側に控える近習《きんじゅう》を人選して、六つのグループにわけた当番表が作られ、理由無く三度欠勤したときは処罰すると定められた。この当番表は、時頼がみずから書いたという（『吾妻鏡』）。時頼の律儀さを示すとともに、このような案件を安心して任せられる腹心の者が時頼の周囲にいなかったとも言えるわけで、時頼の孤独が透けて見える。

人心安定の祈禱

九月二十七日、時頼は自分の作らせた薬師如来像のために、将軍護持僧で当時上洛していた天台寺門系（園城寺）の僧隆弁《りゅうべん》を呼び返して祈禱をさせた。つづいて十月九日には、時頼邸で隆弁に如意輪法を始めさせるとともに、大般若経真読をおこなわせており、同二十九日にいたって如意輪法が終了した（『吾妻鏡』）。時頼が何を熱心に願っていたかは『吾妻鏡』は伝えていないが、速水侑氏によれば、如意輪法は隆弁がもっとも得意とした修法で天変の除去・軍陣の勝利などの利益があるという（「鎌倉政権と台密修法」）。したがって、時頼が政治体制と人心の安定を願っていたことは容易に想像がつく。

十月八日、時頼は頼嗣のために酒宴を催し、余興として舞女の芸能も披露された。つづいて十月十六日には、御所の馬場殿で笠懸がおこなわれ、頼嗣がこれを見物した。射手は時頼の弟時定、安達泰盛、三浦泰村など十二人で、時頼の推挙で得宗被官の工藤祐《すけ》光《みつ》と横溝五郎もそのなかに加えられた（『吾妻鏡』）。時頼は、将軍頼嗣を頂点にいただき有力御家人と北条得宗家で支えていくという幕府のあるべき姿を、儀礼の面でも人々に示そうとしたのである。

道家の関東申次更迭と院評定制

さて、時間は少し前に戻るが、十月十三日、時頼の使者として得宗被官の安藤光成《みつしげ》が上洛し、九条道家に替えて西園寺実氏《さいおんじさねうじ》を関東申次に任命すべきこと、および徳政を実施すべきことを後嵯峨上皇に申し入れた。さらに、洛中の警護のために幕府が設置していた「篝屋《かがりや》」の制度を停止することを通告したという（『葉黄記』）。

道家の関東申次更迭については、すでに八月二十七日に時頼の意向が内々に伝えられていたが、この日後任の推薦がおこなわれたことで確定的なこととなった。徳政についても同じく八月の段階ですでに伝えられており、この時頼の要請を受けて院政の最高議決機関として院評定《いんのひょうじょう》の制度が導入された。十一月三日に第一回の院評定が開かれ（『葉黄記』）、西園寺実氏・土御門定通《つちみかどさだみち》・徳大寺実基《とくだいじさねもと》・吉田為経《ためつね》・葉室定嗣といった、幕府の意向に沿うような五人の公卿が評定衆に選ばれたのである（龍粛『鎌倉時代　下』、橋本義彦「院評定制について」）。

篝屋停止

ところが、篝屋停止についてはこの日はじめて伝えられたため、京の人々に大きな衝撃を与えた。篝屋とは、洛中の主な辻（交差点）に設置された御家人の詰所であり、夜は篝火をたいて警備にあたった。葉室定嗣は、「この九年ほど、洛中の主要な場所で、武士が終夜篝火をたいて警備していたので、人々は枕を高くして寝ることができた。それなのにすべて停止してしまうという」と記している（『葉黄記』十月十三日条）。

そもそも、京都の篝屋は、暦仁《りやくにん》元年（一二三八）に将軍九条頼経が上洛し、朝廷から京都警備の責任者である検非違使《けびいし》別当に任命されたことをきっかけとして設置された。この篝屋設置について森幸夫氏は、朝廷側では九条道家が関与しており、道家→頼経→泰時という働きかけによって実現したと推測している（『北条重時』）。

それでは、時頼がこのタイミングで篝屋を停止した理由は何であろうか。下沢敦氏によれば、第一には、頼経の将軍時代の最大の功績である篝屋の制を抹消し、道家の勢力に打撃を与えようとしたため、第二には、倹約・撫民《ぶみん》を重視する立場から費用や手間のかかる割に効果の乏しい篝屋を停止した、ということである（「京都篝屋の一時中断・再開を巡る一考察」）。

京都住民の不満

幕府側にはそれなりの理由があったのではあるが、京都住民にしてみれば迷惑な決定であり、公家の一人広橋経光は、この決定のしばらく後の日記に「最近京都では盗賊が充満して、連夜のようにその話を聞く。これは大宮大路と京極大路の篝屋が停止されたためである」と記している（『民経記』十二月八日条）。この記事の裏の部分には、「明春より篝屋をすべて停止するというが、これは幕府が京都をないがしろにしているからではないか」とも記されている。

また、朝廷は京都の治安維持に自力で対応せねばならなくなり、幕府・六波羅の協力を得て検非違使庁を再興し、夜回りを実施するようになったという（森幸夫『北条重時』）。この夜回りには、在京の武士たちも参加していたと見られる。ちなみに、時頼が死去して、彼の政策の影響が薄れた文永年間になってから、京都篝屋は再開されるのである（下沢敦「京都篝屋の一時中断・再開を巡る一考察」）。

頼朝法華堂に参詣

同じ十月十三日、時頼は恒例の仏事に参列するため、源頼朝の法華堂に参詣している（『吾妻鏡』）。頼朝の法華堂は、大倉御所背後の山腹に設けられた持仏堂が、頼朝死後に墳墓堂にあらためられたものである。頼朝は正治《しょうじ》元年（一一九九）正月十三日に死去しているので、月忌にあたる月々の十三日には、妻北条政子や将軍源実朝が法華堂で仏事をおこなっている。また、時頼の祖父にあたる執権泰時も、十三日や年末などにしばしば頼朝法華堂に参詣していた（『吾妻鏡』）。頼朝と直接の血縁関係のない泰時の法華堂参詣は、頼朝の政治的な後継者、すなわち幕府の主導的立場にあるという自負を示すものであったろう。

月忌にあたるこの日の時頼の参拝も、泰時の流れに連なるものである。執権就任早々に地位をおびやかされ、ひとまずの小康状態を得たという状況のなかで、自分が執権の地位の正当な後継者であることをあらためて世間に示すとともに、そのつとめを果たそうとしたのであろう。

当知行安堵の御教書

また、この時期に幕府から出された文書について、工藤勝彦氏の興味深い指摘がある（「九条頼経・頼嗣将軍期における将軍権力と執権権力」）。それによれば、寛元の政変後の寛元四年終わりから翌年初頭にかけてと、宝治合戦後の宝治元年終わりから翌年初頭にかけての時期のみに、関東御教書《みぎょうしょ》による当知行安堵《とうちぎょうあんど》（現在所有している土地の権利の再確認）という特殊な形態の文書発給がおこなわれている。これは、政変に不安を感じた御家人が安堵を求め、それに応えて幕府が御教書を出したものという。土地を安堵する幕府文書は、本来は下文《くだしぶみ》や下知状《げちじょう》の形で出されるが、殺到する御家人の望みに迅速に対応するため、略式で効力が時限的である御教書の形で文書を出したのであろう。そして、御教書は形式的には将軍の意思を伝達するという形をとるが、実質上は時頼がこれを出したと見られるという。

頼嗣の位階昇進

十一月二十三日の除目《じもく》（朝廷の人事）によって、頼嗣は従四位下の位についた（『吾妻鏡』十二月二日条）。これも、幕府の頂点に立つ者にふさわしい身分的な飾りを整えようと、時頼が朝廷に働きかけた結果であろう。人心を安定させるために、貴い身分である将軍頼嗣をトップにいただくという形式は尊重しつつ、時頼が積極的に御家人の掌握に努めていたことがわかる。

時頼は、諸国の治安維持にも気を配らねばならなかった。十二月十七日、幕府は諸国の守護や地頭に対して、「最近諸国で夜討ちや強盗が横行しているが、これは悪党や「四一半打ち」《しいちはん》（ばくち打ち。四一半はサイコロばくちの一種）を匿っている者がいるからで、そのような者は所領を没収する」という命令を出している（『吾妻鏡』）。すでに幕府は、泰時の時代に、京都や西国における四一半の取り締まりを六波羅探題に命じているが（『吾妻鏡』延応元年四月十三日条）、事態はますます深刻になっていたようである。

第三　政争の荒波

一　合戦の予兆

頼経からの書状

寛元《かんげん》四年（一二四六）十二月十二日、思いがけない人物から時頼に手紙が届いた。京都に追放された前将軍頼経《よりつね》からで、いくつかのことがらが述べてあったというが、内容は不明である（『吾妻鏡』）。九条家の苦境を救うために、謀叛計画に関してみずからと父道家《みちいえ》が無関係であることを弁明し、子頼嗣《よりつぐ》の将来を託すような内容と想像される。何ごとにも慎重な時頼は、この手紙に返事を出すべきかについて内々に身近の人々の意見を聞き、詳しくは記さないけれどもとりあえず簡単な返事は出し、手紙は秘蔵することにした。原則としては、いったん追放した頼経の弁明はとりあげないという方針を貫きつつ、返事だけは出して前将軍に対する最低限の礼儀をつくすことで、多少の配慮を見せたのである。依然、幕府の九条家に対する強硬姿勢は変わらなかったのである。

摂政の交替

このことがはっきりと示されたのが、年が替わって宝治《ほうじ》元年（一二四七）の正月十九日におこなわれた摂政交替の人事である。九条道家の子一条実経《いちじょうさねつね》が摂政を辞任し、前関白の近衛兼経《このえかねつね》が新しい摂政に任命された（『公卿補任』）。

この人事の背景について、『葉黄記《ようこうき》』正月十八日条は、次のように記している。「去年の鎌倉の騒動で頼経が上洛して後、道家の周辺でさまざまな噂が飛びかったが、今は静まっている。しかし、『関東の景気』（幕府の様子）と称してしきりと上皇の側近たちが摂政交替のことを申し上げた。関東申次《もうしつぎ》の西園寺実氏《さいおんじさねうじ》が年末に家臣を鎌倉に派遣してこの件を相談したところ、実経を罷免すべきだという意向であったようなので、不確かではあるが、今回のようなことになったらしい」。そして、「後嵯峨上皇は、実経の辞任を非常に残念に思われたようだが、幕府の意向を無視するわけにはいかなかった」とも記している。

幕府は、九条道家に対する不信感から、その子である実経の摂政罷免をも求め、それを実現させたのである。『百錬抄《ひゃくれんしょう》』正月十九日条も、摂政交替について「幕府の取りはからったことであるという」と記しており、この人事が幕府の圧力によっておこなわれたことは誰の目にも明らかであった。

慈源の天台座主辞任

この人事はさらに飛び火して、正月二十八日には同じく道家の子（実経や頼経と兄弟）である慈源《じげん》が天台座主《てんだいざす》を辞任している（『天台座主記』）。実経が摂政を辞めさせられたので、同族の自分も座主の地位にいるべきではないとして、自分から辞表を出したのである。いよいよ追いつめられた道家は、少し後のことになるが、三月二日にまたまた長文の起請《きしょうもん》文を書き、自分が鎌倉での陰謀に無関係であることを誓っている（『九条家文書』）。

鎌倉で高まる不安

いっぽうで、この年の正月三日の将軍頼嗣の御行始《ごこうはじめ》という行事では、頼嗣は時頼邸に出かけ、頼嗣の弟である乙若は毛利季光《もうりすえみつ》（西阿）の屋敷に赴いている。季光は時頼の義父（妻の父）であり、頼嗣と時頼一族との親密さが懸命に演出されていたのである。

そうこうするうちに、鎌倉に不穏な空気が流れ始めた（以下『吾妻鏡』による）。まず正月二十九日、羽蟻の大群が飛んで鎌倉中に充満した。翌三十日には佐助の北条時盛《ときもり》（勝円）邸の後ろの山に光る物が飛び、奇怪なできごとであるためお払いの祈禱がおこなわれた。三月三日には、幕府の闘鶏会《とうけいえ》で、三浦泰村《やすむら》らが喧嘩を引き起こしている。同十一日には、由比ヶ浜の潮が血のような赤色になり、見物人が群集した。これは、いわゆる赤潮であるが、不吉なしるしと受けとめられていた。翌十二日は大きな流星が音を立てて飛び、十六日の戌刻（午後八時ごろ）には、鎌倉で事件があったとの情報が流れて大騒ぎとなったが、誤報とわかって明け方までには静まっている。さらに、翌十七日、黄蝶の大群が鎌倉中に充満して、兵乱の予兆だと噂された。平将門《たいらのまさかど》の承平《じょうへい》・天慶《てんぎょう》の乱や安倍貞任《あべのさだとう》の前九年合戦のときにもこのようなことがあったので、また東国で合戦が起こるのではないかと、古老が心配しているということであった。

三浦氏と安達氏の対立

兵乱におびえるような不安が鎌倉を包んだのは、幕府における北条得宗家に次ぐ地位をめぐって、三浦氏と安達氏の対立が深刻化していたからである。三浦氏はいうまでもなく幕府創設以来の有力御家人であるが、義村《よしむら》の娘（矢部禅尼）が北条泰時《やすとき》に嫁いで時氏《ときうじ》を産み、北条得宗《とくそう》家の外戚となった。さらに、義村の子泰村《やすむら》は時氏の妹を妻に迎えており、義村は子（泰村）と孫娘（時氏妹）を結婚させてまで得宗家との親族関係を保つ努力をしたことになる（鈴木かほる『相模三浦一族とその周辺史』）。そればかりか、泰村はこの妻が寛《かん》喜《ぎ》二年（一二三〇）八月に亡くなると、再び泰時の娘（先妻の妹か）を妻に迎えたのである。このことは、『吾妻鏡』（吉川本）嘉禎《かてい》二年（一二三六）十二月二十三日条に、「泰村の妻（泰時の娘）が早世した」とあることから、明らかである。なお『吾妻鏡』（北条本）では「泰時の妹」としているが、当時泰時は五十四歳、その妹が「早世」することはありえないので、誤記であろう。

さて、時氏と泰村の妻（泰時の娘）があいついで早世し、さらに安達景盛《かげもり》の娘を母とする時頼が執権の地位についたことで、事態は大きく変わった。永井晋氏によれば、時頼の外戚（母方の親戚）である安達氏は、本来であれば得宗家に次ぐ序列が与えられるべきであったが、三浦泰村は時氏の外戚として保持した特権的地位を安達氏に譲らず、依然として幕府の重臣として振る舞い続けたのである（『鎌倉幕府の転換点』）。これが安達氏には面白くなかったのである。

時頼の気配り

では、この間、時頼本人は三浦氏に対してどのように出ようとしていたかというと、どうも煮え切らない。三浦氏が、先の寛元の政変（宮騒動）のときに反時頼の側にあったことは、宝治合戦で光村《みつむら》が残した最期の言葉に「頼経様の代に、道家様の内々の仰せに従ってすぐに行動に移っていれば執権の座を得られたのに、兄泰村が躊躇したために、一族滅亡することになった」とあること（『吾妻鏡』宝治元年六月八日条）からも、間違いはない。また、頼経を追放したときに三浦光村が「頼経を再びお迎えしたい」と語ったように、三浦氏が頼経に心を寄せていて、いずれ頼経を迎えてそのもとで時頼に替わって執権となることを狙っていたことも容易に想像できる。さらに、重時の連署就任にも反対した三浦泰村が、表向きは従いながらも一貫して反時頼派であることは明白である。

したがって、安達氏と三浦氏が衝突することになれば、それはただちに時頼派と反時頼派（親頼経派）の合戦となることが予想された。しかし、先の政変で安達義景に背中を押されるように名越光時《なごえみつとき》らを排除しながらも、結局は名越一族を攻め滅ぼさずに、できるだけ穏便にすませるようはからった時頼である。今回も時頼は、安達氏の圧力を感じながらも、なんとか武力討伐を回避し、双方の顔を立てようと、あれこれ気をつかっている。慎重といえば慎重であるが、優柔不断ともとれる時頼の態度である。おそらくは、頼朝挙兵以来の功臣三浦氏と安達氏のどちらも傷つけることなく、幕府が将軍・執権を中心に一つにまとまるようにしたいというのが、真面目で「気配りの人」である時頼の本音だったのではなかろうか。

天下泰平の祈願

二月十六日、時頼は伊豆の走湯山《そうとうざん》（伊豆山神社）に、駿河国伊賀留美郷《いかるみごう》の水田五町を寄進し、「天下泰平、息災安穏」を祈願している（『集古文書』北条時頼寄進状、『鎌倉遺文』六八〇二号）。できれば三浦氏排除という決断をせずにすませたい、という時頼の願いのあらわれであろう。

鶴岡新宮の創建

四月二十五日には、鶴岡八幡宮の西北の山麓に、幕府によって後鳥羽上皇の怨霊を慰めるために新宮（今宮）が創建されている（『吾妻鏡』）。連日の天変が兵乱の予兆ではなく、後鳥羽上皇の怨霊によるものとすることで、三浦氏との衝突が不可避という雰囲気をうち消そうとしたのであろう。ただ、『神明鏡《しんめいかがみ》』には、「後鳥羽上皇の死後、鎌倉で争いが絶えず、寛元の大騒動もあったことから、上皇の怨念ではないかとおそれて祀った」ともあり、時頼執権就任後の政争そのものが後鳥羽の怨霊のせいと半ば信じられていた可能性もある。また、『皇代暦《こうだいれき》』には、将軍頼嗣の妻（時頼の妹）が病気になったことについて託宣があったので、後鳥羽を祀る新宮を創建し、神楽を三日間にわたり奉納した、とある。さまざまな不安のもととなる現象を、すべて後鳥羽上皇の怨霊に結びつけて、一挙に解消しようとしたのかもしれない。

合戦への不安が募るなか、三月二十日、経時《つねとき》の一周忌の法要が墓所で営まれた。時頼や松下禅尼《まつしたぜんに》などが参列し、多くの人が集まったという（『吾妻鏡』）。北条一門の結束があらためて確認されたものと思われる。

安達景盛の開戦要請

四月四日、事態のゆくえを気にして、出家して高野山にいた安達景盛（覚地）が鎌倉甘縄の安達本邸に駆けつけた。そして景盛は連日のように時頼のもとを訪れていたが、十一日には特に長時間にわたり時頼と談合した。またこの日、景盛は子の義景《よしかげ》と孫の泰盛《やすもり》に対して、「三浦一族は今や武勇を誇り、傍若無人の勢いである。このままときを過ごせば、我ら安達の子孫は三浦に遠く及ばないことになろう。ここが思案のしどころであるのに、義景といい泰盛といい、才能を磨かず、合戦の備えを怠るとは、何たることか」と厳しく叱責した（『吾妻鏡』）。

三浦氏に対して強く出ない時頼にしびれを切らせた景盛は、三浦を討てと説得しようとしたが、何とか合戦を回避したい時頼とのあいだで、話は平行線に終わったのであろう。気持ちのおさまらない景盛は、「だいたいお前たちがしっかりしないから、三浦になめられるのだ」と、八つ当たり半分、子と孫を叱りとばした、というところであろうか。

親に発破をかけられた安達義景は、四月二十八日、愛染明王像を作らせ、隆弁《りゅうべん》を導師に招いて供養をした。これは「特別な願い」があって作ったという（『吾妻鏡』）。義景の特別な願いとは、言うまでもなく三浦氏の打倒であろう。

五月六日、時頼は三浦泰村の次男駒石丸をみずからの養子とすることにした（『吾妻鏡』）。時頼がこの時期にあえて三浦氏とのつながりを強くしようとしたのは、『弘長記《こうちょうき》』が記すように、泰村の野心をやわらげ、世をしずめようとしたためである。ちなみに、『佐野本系図　十三　三浦上』によれば、駒石丸は十三歳で、景泰《かげやす》と名乗ったと伝えられる。

妹檜皮姫の死

五月十三日、将軍頼嗣の妻で時頼の妹でもある檜皮姫《ひわだひめ》が、病気で亡くなった。十八歳であった（『吾妻鏡』）。檜皮姫の死去で頼嗣と時頼の縁は薄まってしまったが、後に触れるように、時頼はこれ以後も将軍としての頼嗣の育成に力を注いでいる。妹の喪に服するため、時頼はこの日より、三浦泰村の屋敷に寄宿することになった（『吾妻鏡』）。時頼がよりによって泰村邸に住まいを移したのは、三浦氏を信頼していることをその行動で示し、相手の警戒心を解こうとしたものであろう。

しかし、事態は時頼の思うようには進まなかった。以下、『吾妻鏡』によって推移を見てみたい。五月十八日の夕方、天に光る物が見え、同じころ安達義景の屋敷に白旗が一本あらわれたのを人々が目撃した。白旗は源氏の象徴であるから、奥富敬之氏が指摘するように、頼朝の霊が安達氏に味方してその立場を正当としたものと受けとめられたであろう（『鎌倉北条一族』）もちろん、安達氏得意のゆさぶり作戦である。

三浦氏糾弾の立て札

二十一日、鶴岡八幡宮の鳥居の前に、何者かによって立て札が立てられた。人々が文面を見てみると、「三浦泰村はおごり高ぶったあまり、幕府の命に背くことがあったので、近日処罰されることに決まった。よくよく謹慎するがよい」とあった。これもまた、安達氏もしくはその支持勢力のしわざであろう。

二十六日にも、奇妙なできごとが起きている。土方《ひじかた》右衛門次郎という三浦氏と関係の深い武士が、鶴岡八幡宮の神前に願書を捧げて、そのまま行方をくらました。時頼が思いがけず、願書の内容を知ることとなったが、その内容とは「三浦一族の反逆には同調しません。よって神のご加護がありますように」というものであった。時頼が「思いがけず」願書の内容を知ったというのは、いかにも不自然で、安達氏が土方なる者に因果を含めて一芝居打った可能性が高い。しかし、その甲斐があってか、どうやらこのあたりから時頼は、三浦氏との対決を決断したと思われる。

時頼の三浦邸からの退去

翌二十七日、時頼が滞在中の泰村邸では、三浦一族の者が群集していたが誰一人として時頼の前に挨拶には出てこず、何ごとかを準備する様子であった。その上、夜になって鎧や腹巻きをつける音が聞こえてきたので、時頼は「このところ、あちこちから告げられてくる謀叛の噂は、特に信用していなかったが、どうやら本当らしい」として、急いで泰村邸を出て、自宅に帰ってしまった。泰村はひどくあわてて、内々に詫びを入れたという。鎧の音の件が事実かどうかはわからないが、とにかく時頼が安達氏をはじめとする周囲の人々の言葉を聞き入れ、三浦氏と対決する道を選択したことは確かである。

二 宝治合戦

三浦氏との対決を決断

『吾妻鏡』では、合戦前の安達氏の好戦的な行動を強調するいっぽうで、時頼の関与をほとんど記していないため、まるで時頼は最終局面までは無関係で、合戦の原因はすべて安達氏にあるような描き方となっている。しかし、実際にはある時点からは時頼も三浦氏排除に向かって行動を起こしていることが、『吾妻鏡』からも透けて見える（以下、『吾妻鏡』による）。

時頼は、ただちに武力攻撃に出ることはなく、まずは五月二十八日夜、三浦の一族や家臣たちの様子を探らせた。その結果、どの屋敷でも武器を用意しており、安房・上総の所領からは船で甲冑などを取り寄せて、公然と合戦の用意をしている、という報告であった。

次に時頼は、六月一日に佐々木氏信《うじのぶ》を使者として泰村のもとに派遣した。伝言の内容は不明であるが、謀叛の疑いについて詰問するものと推測される。泰村は「このごろの世間の騒ぎには、ひたすら心を痛めております。私も弟の光村も正五位下という高い位にあり、一族の繁栄は行き着くところまできております。これ以上、どんな神のご加護がありましょうや。讒言があったのなら、謹慎いたします」と述べた。氏信は時頼に泰村の返事を伝えたが、同時に泰村邸で大量の武器が準備されていることも報告したので、時頼は屋敷の防御を固めるよう命じた。

佐原兄弟の味方参入

翌二日、時頼邸は物々しい雰囲気に包まれた。相模・武蔵・駿河・伊豆など、鎌倉に近く北条氏の影響力の強い国々の御家人が馳せ集まり、時頼邸の周囲に陣を構えて防御を固めた。四方の門を閉ざし、荷車を集めて道をふさいだという。そして、三浦一族でありながら、庶流の佐原《さはら》氏の六兄弟が時頼の味方にかけつけた。これは、矢部禅尼（禅阿）を介して、時頼と縁があることによる。矢部禅尼は泰時に嫁いで時頼の父時氏を生んでいるが、のちに離別して佐原盛連《もりつら》と再婚し、光盛《みつもり》・盛時《もりとき》・時連《ときつら》を生んだのである。さらに、光盛らの異母兄弟にあたる経連《つねつら》・広盛《ひろもり》・盛義《もりよし》も、光盛らに引っ張られるようにして時頼に味方したのであった。なかでも盛時は、少々遅刻したために門が閉ざされてしまっていたにもかかわらず、門の脇の塀を飛び越えて駆けつけたので、時頼はたいそう喜び、鎧を与えたという。

しかし実は、合戦の半年ほど前の寛元四年（一二四六）二月五日に、時頼はみずからが地頭をつとめる陸奥国糠部《ぬかのぶ》郡五戸《ごのへ》の地頭代に、佐原盛時を補任しているのである（『宇都宮文書』北条時頼下文、『鎌倉遺文』六七六八号）。したがって、すでにこの時点で、盛時は得宗家の被官となっていたと見られるのであり（奥富敬之『鎌倉北条一族』）、佐原兄弟の動向もある程度は予想できたはずである。そうは言っても、いざ三浦氏との対決となると話は別であり、佐原兄弟が味方についたことは、時頼にはよほどうれしいことであったに違いない。

翌三日、時頼は隆弁に命じて今回も屋敷内で如意輪法をおこなわせている。のちに、「この祈禱のおかげで、今度の合戦が終結し東国が平穏におさまった」と時頼が隆弁に対して礼を述べているので（十三日）、謀叛の鎮圧・東国の平和のための祈禱であったことがわかる。

泰村の弁明と時頼のためらい

同じ三日、泰村邸では、「このごろなぜ世間が騒がしいかというと、そなたが討たれるからだ。覚悟なされよ」と落書きした檜板が見つかった。泰村はこれを壊させるとともに、時頼に「自分のことで世間を騒がせていることは、誠に恐れ多いことですが、私には野心はありません。世間の物騒に備えて家来たちを集めていることが讒言のもとでしょうか。御不審があれば、すぐにでも家来たちは追い返します」と申し入れている。これに対する時頼の返事は、「三浦氏に対する疑惑を積極的に信じているわけではない」という曖昧なものであった。安達氏らの積極策に乗って三浦氏討伐に踏み出してもよいのかどうか、最後の最後で時頼はためらっているようにも見受けられる。

泰村のほうはというと、時頼が急遽自宅に帰って以降、ため息ばかりつき、朝から晩まで心配し続けて、寝食をも忘れるありさまであったという。この記述に限らず、およそ『吾妻鏡』では、泰村は気が小さく、何ごとも穏便を好むかのような人物として描かれ、時頼も平和を望んでいたにもかかわらず、安達氏が突出してすべてをぶちこわしたかのように記されている。少々、安達氏の暴走ぶりだけが強調されすぎているような感じである。

『吾妻鏡』以外の史料によれば、泰村も決して慎重で温厚なだけの人物ではなく、三浦勝男氏が指摘するように（「宝治合戦と三浦一族」）、承久の乱では戦功にはやる一面を見せ（『承久記』）、弓矢の名手であるとともに得宗家との縁を誇って傲慢なふるまいを見せることもあった（『保暦間記』）。同じく三浦勝男氏によれば、泰村は評定衆の立場で『御成敗《ごせいばい》式目《しきもく》』の制定に関与しており、『文机談《ぶんきだん》』には、京都の久我通光《こがみちみつ》に仕えていた人物が泰村の右筆《ゆうひつ》となっていたことが見えるという（「宝治合戦と三浦一族」）。これらのことから、泰村が単純に柔弱な人物であったとは言えない。

双方の軍勢集結

さて、六月四日になると、西御門の三浦泰村邸と、そのわずか百《メートル》ほど南の小町（現在の宝戒寺付近）に位置する時頼邸とに、それぞれに味方する軍勢が集結し、敵味方の区別も難しいようなありさまとなった。一触即発の状態を恐れた時頼は、諸国から集まった軍勢は鎌倉から退去するようにと、鎌倉の市政を分担している保奉行人《ほぶぎようにん》たちを通じて命じるとともに、被官の諏訪盛重《すわもりしげ》（蓮仏）と万年《まんねん》馬入道に直接命を伝えさせた。

和平の書状を遣す

しかし、五日になっても騒動がおさまる気配がなく、時頼は被官の平盛綱《たいらのもりつな》（盛阿）を使者として書状を泰村のもとに遣し、「世間の騒動は天魔のせいであろうか。幕府としては貴殿を討伐するつもりはないので、日ごろのように友好的関係を保ちたい」と申し入れた。この書状には、決して偽りではないという時頼の誓いの言葉までが添えられており、使者の盛綱も口頭で和平を望む旨を述べたので、泰村はおおいに喜んで丁寧な返事を書いた。使者が帰った後、泰村はよほどホッとしたのであろう、湯漬けを一口食べようとしたのであるが、連日の極度の緊張による衰弱のためか、吐いてしまったという。

さて、この期に及んで泰村に和平を申し入れた時頼の真意はどこにあったのであろうか。このまま、何ごともなかったように以前の状態に戻すことができるとは、いかに律儀で気配りの人である時頼とはいえ、考えてはいなかったであろう。名越光時の場合のように、泰村がみずから出家するか、一族の急進派（たとえば光村）を首謀者として差し出すか、何らかの投降の形をとることを促したのではなかろうか。

安達氏による攻撃の開始

ところが、おさまらないのは安達一族である。ここで時頼と三浦氏の和解が成立してしまえば安達の立場がない、ということで、景盛（覚地）の命を受けた安達一族が泰村邸に攻撃をしかけた。泰村もこれに応戦し、和平の使者をつとめた平盛綱が時頼のもとに帰り着く前に、ついに合戦が始まってしまった。巳刻（午前十時ごろ）のことである。時頼もこうなってはどうしようもなく、金沢実時《かねさわさねとき》に将軍頼嗣の御所を警備させ、弟の時《とき》定《さだ》を大将軍に指名して三浦追討の軍勢を出陣させた。

和平から一転しての開戦

三浦泰村に和平の使者を派遣しながら、その直後に攻撃に転じた時頼の行動は、だまし討ちのようにも見え、後世の人々から非常に評判が悪い。たとえば、江戸時代の日蓮宗の僧侶日通は、「時頼が和平を誓約しながら急に三浦を討ったのは仏神を恐れぬ無道なことである。誓約をしたのに、なぜ安達の軍勢を押しとどめなかったのか。みずからの軍勢も出すべきではなかった」とし、時頼は私利私欲の人で、賢人ではない、と批判している（『祖書証議論』）。

江戸時代の法華堂
（『相中留恩記略』国立公文書館内閣文庫所蔵）

実際には、時頼が何とか全面的な合戦を回避しようとしていたのは本心であったと思われるし、先走ってしまった安達を押さえる力は当時の時頼にはなかったということであろう。逆に、いったん合戦が始まったのに躊躇していれば、安達を見殺しにするばかりか、三浦に味方する反時頼派（親頼経派）によって時頼自身が破滅する危険があったのである。時頼としては、しかたのない行動であったといえる。ただ、律儀で真面目な時頼にとって、心ならずも、誓約を破りだまし討ちにしたような結果となったことは、生涯にわたり強い心の傷となったであろうと想像される。

三浦一族の自害

その後時頼は、御所へ参上して自分たちが将軍の意思を受けていることを示し、大義名分を確保するとともに、おりからの南風を利用して泰村邸の南隣の家に火をかけさせた。猛煙に耐えかねた三浦勢は、泰村邸を出て、北側の源頼朝の法華堂（墳墓堂）に立て籠もった。東方の永福寺《ようふくじ》に陣を構えていた三浦光村も、敵陣を破って駆けつけ、法華堂に合流した。時頼方の軍に囲まれるなか、法華堂では頼朝の肖像を前に、泰村・光村兄弟以下、五百人ほどが自害した。そのうち、御家人の一族は二百六十人にのぼったという。合戦が始まってから、三刻（六時間ほど）が過ぎていた。泰村らが頼朝の法華堂を最期の場に選んだのは、自分たちこそが将軍家に忠誠を誓う正統な御家人なのだという、北条・安達に対する強烈な自己主張によるものであろう。

千葉秀胤の追討

合戦は鎌倉のみにとどまらなかった。翌六日、時頼は上総の有力御家人である千葉秀《ひで》胤《たね》を討てという命令を、同じ千葉一族の大須賀胤氏《おおすがたねうじ》と東胤行《とうのたねゆき》（素暹）に下した。野口実氏によれば、秀胤は上総・下総のほか薩摩・豊前にも広大な所領を持ち、千葉一族内の最有力者であった（「了行とその周辺」）。秀胤は、反執権派の有力人物として寛元の政変に際して評定衆を解任され上総へ追放されていた上に、三浦泰村の妹婿でもあったため、時頼は彼を三浦方とみなして追討を命じたのである（野口実「上総千葉氏の盛衰」）。七日、胤氏らは上総一宮の大柳館《おおやぎのたち》に秀胤を攻め、これを自害に追い込んでいる。

三浦方の御家人

その後、三浦方の残党や親類縁者などの逮捕が続々とおこなわれた。このたびの宝治合戦では、三浦・千葉の一族郎党のほかにも、泰村の妹婿にあたる毛利季光（西阿）や、同じく泰村の妹婿で常陸の有力御家人関政泰《せきまさやす》、下野の有力御家人宇都宮時綱《うつのみやときつな》、佐野実綱《さのさねつな》などが自害もしくは討死している（『吾妻鏡』二十二日条）。以上が、『吾妻鏡』の伝える、宝治合戦のあらましである。

和平の書状の回収

京都にも、ただちに事件の報が届いた。後嵯峨上皇の院司葉室定嗣《はむろさだつぐ》の日記『葉黄記《ようこうき》』によれば、合戦の三日後の六月九日に鎌倉から飛脚が六波羅に到着し、三浦一族が謀叛を起こして誅殺されたことを報じ、六波羅探題の北条重時がその内容を上皇側に伝えている。また、重時によって、泰村弟の良賢《りょうけん》律師など京都に潜んでいる三浦の縁者の捜索がおこなわれ、良賢は六波羅に出頭している（同前十日条、十五日条）。さらに、泰村の縁者が院の女房として仕えていたが、これも追放されている（同前十一日条）。

続いて鎌倉では、六月十一日に海東《かいとう》（大江）忠成《ただなり》が評定衆を罷免された。兄である毛利季光に同意して、三浦方についたためであった（『吾妻鏡』、『関東評定衆伝』）。

『吾妻鏡』によると、十五日には、泰村の妻から、開戦直前に時頼が送った和平の書状が返却された。「重要なものなので紛失しないように」と、泰村から命じられていたため、身につけて館を脱出したという。『吾妻鏡』には、「時頼がそのありかを尋ねたので返却した」もので、書状が出てきたことを時頼が「とりわけ喜んだ」とあり、時頼がこの書状の存在をかなり気にしていたことがわかる。なにしろ、決して泰村を攻めないと誓約した書状であり、時頼にとっては、非常に後味の悪いものであった。時頼が書状の行方を気にしていたのは、自分にとって都合の悪い証拠を隠滅するためということもあろうが、時頼を攻撃する材料として今後も反執権派に利用されることを恐れたためと考えられる。しかし、それにもかかわらず和平の書状については広く知られることとなってしまったため、『吾妻鏡』でも泰村邸から使者が戻る前に独断で合戦を開始した安達氏の勇み足をこと細かに記し、時頼の立場を弁護せざるをえなかったのであろう。いずれにせよ、生真面目な時頼の性格から想像すると、この書状の存在はできれば忘れてしまいたいものであったに違いない。

鶴岡八幡宮別当定親の解任

十八日には、鶴岡八幡宮別当の定親《じょうしん》が、三浦泰村に味方した疑いにより解任され、謹慎した（『吾妻鏡』）。定親は、かつて朝廷政治の中心にあって活躍した内大臣源（土御門）通親《みちちか》の子で、妹が泰村の後妻となっていた（『吾妻鏡』六月十四日条）縁により、三浦方に同調したのである。ついで定親は、七月には京都へ帰っていった（『鶴岡八幡宮寺社務職次第』）。かわって別当に任命されたのが、これまでも鎌倉にあって将軍や経時・時頼のために祈禱をおこなっていた隆弁であった（『吾妻鏡』六月二十七日条）。隆弁が宝治合戦前後に、時頼の命を受けて謀叛鎮圧・東国平和のための祈禱をおこなっていたことはすでに述べたが、この祈禱の成果があがった恩賞として、鎌倉仏教界の頂点とも言うべき鶴岡八幡宮別当に任命されたのであった（『鶴岡社務記録』）。この鶴岡八幡宮別当をめぐる人事で、合戦の事後処理はほぼ終わった。

その後の三浦氏

ちなみに、三浦氏嫡流が滅亡した後は、相模国の御家人に影響力を持ち、嫡流の当主が相伝してきた「三浦介」という地位は、庶流の佐原氏が継ぐことになった。すでに見たように、佐原盛連の六人の子は、時頼方について生き残ったのである。しかし、盛連の子佐原盛時が継承した権限・所領は、合戦以前より大幅に縮小されたものであって、三浦氏の退潮は免れないところであった。

三　新体制のスタート

時頼を支えるメンバー

宝治合戦の結果、三浦・千葉といった反時頼派の主力は没落した。最大の危機を乗り切った時頼は、いよいよ本格的な政権運営を新たにスタートさせることになった。宝治元年（一二四七）六月二十六日、時頼は寄合を開き、「公家のことを特に尊敬するように」と決議した。参加者は時頼のほかに、北条政村、金沢実時、安達義景と得宗被官の諏訪盛重であった（『吾妻鏡』）。いずれも、宮騒動直後の寄合にも参加していた顔ぶれで、当時二十一歳の時頼を支える最重要メンバーであった。政村は四十三歳になる北条一門の有力者、実時は二十四歳で時頼と年齢も近く、経時の相談相手もつとめたパートナー的存在、義景は言うまでもなく時頼の伯父で、外戚安達氏の当主である。

このときに定められた「公家のこと」とは、何らかの具体的な政策を示すものではないが、時頼が幕府の代表者として公家（朝廷）を重んじて政権を運営していくことを宣言したものであり、時頼政権の本格的スタートに際しての決意表明のようなものである。

宝治合戦後はじめての評定

翌二十七日には、宝治合戦後はじめての評定が開かれ、「神社仏寺」のことなどが話し合われた（『吾妻鏡』）。評定衆のうち、三浦泰村、光村、千葉秀胤、毛利季光、海東忠成の反時頼派五名はすでに宝治合戦で排除されていた。七月にはあらたに、兄光時にくみしなかった名越時章《ときあき》が加えられ（『関東評定衆伝』）、十四名中上位四名を北条一門で固めたのである（村井章介『北条時宗と蒙古襲来』）。

評定の議題となった「神社仏寺」のことも、おそらくは具体的な個別の案件ではなく、「神社と仏寺の修理・保護を推進する」という一般的原則を確認したものであろう。『御成敗式目』の第一・第二条が神社・仏寺の修造についての条文であり、のちの新制などでも冒頭に神社・仏寺の保護が掲げられたように、神社仏寺保護は政権担当者が真っ先になすべきことと考えられていたのである。よって、評定においても新体制のスタートを意識して、まずは型どおりに神社仏寺のことを議題にしたのである。

七月一日には、宝治合戦で欠員が生じた御所警護の番衆について、メンバーの追加と当番表の改訂をおこなった(『吾妻鏡』)。続いて七月七日、時頼は評定衆と、事務官僚である奉行人を招いて酒宴を催し、引出物まで用意して接待した(『吾妻鏡』)。「これからはみなで協力して、よろしく頼むぞ」という、新体制発足の懇親会である。合戦後の大事な時期とはいえ、大変な気の配りようである。

重時の連署就任

このように、徐々に地固めをおこなった上で、時頼は懸案の人事を断行した。七月二十七日に、北条重時を連署に任命したのである(『吾妻鏡』)。これより先の七月三日に、六波羅探題であった重時は京を出発して鎌倉へ向かっている(『吾妻鏡』七月十七日条、『将軍執権次第』)。実はさらに前の六月二十三日には、すでに重時が鎌倉へ下向するという情報が後嵯峨上皇の周辺に届いており(『葉黄記』同日条)、かつて重時の連署就任に反対した三浦泰村が滅亡した宝治合戦の直後から、早くも準備がなされていたらしい。

重時は七月十七日に鎌倉に到着、小町大路北端の前執権経時の旧宅を住居とすることになった(『吾妻鏡』)。秋山哲雄氏によると、この邸宅は泰時から経時へと継承されたものので、御所に隣接し、泰時以来一貫して評定がおこなわれる場であったという(「都市鎌倉における北条氏の邸宅と寺院」)。この嫡流相伝の屋敷を時頼ではなく重時が継承したことについて森幸夫氏は、時頼が得宗家庶子のためスムーズに継承できなかったのに対して、重時は六波羅探題を十七年つとめて従四位・相模守、年齢も五十で、誰もが認める北条一門の重鎮であったため、入居には異論が出なかったのであろうと述べている(『北条重時』)。この後、時頼の政権運営は、重時の影響を受けるところが大きくなる。

重時の連署就任は正式には七月二十七日であるが、森幸夫氏によれば、すでに七月十九日付けで時頼と連署して関東御教書を出していることから、実質的には鎌倉到着と同時に連署の地位にあったという(『北条重時』)。なお、重時のかわりの六波羅探題には、重時の子の長時が任命された(『吾妻鏡』七月十八日条)。

八朔の贈り物の禁止

次に時頼は、八朔(八月一日)に贈り物をしあう習慣があったのを禁止し、特に将軍へ贈り物をするのは執権・連署に限定することを定めている(『吾妻鏡』八月一日条)。これは、後に述べるように時頼の尊重した倹約の精神によるものであるとともに、執権・連署の卓越した地位をあらためて強調するねらいがあったと見られる。

走湯山へ年貢寄進

八月八日には、時頼は「天下泰平、息災安穏」のため、伊豆走湯山(伊豆山神社)に駿河国伊賀留美郷からの年貢すべてを寄進している(『集古文書』北条時頼寄進状、『鎌倉遺文』六八六六号)。宝治合戦前の二月十六日にも時頼は、走湯山に駿河国伊賀留美郷の水田五町を寄進し、「天下泰平、息災安穏」を祈願していた。結果としては、時頼の当初の考えとは違って、三浦・千葉ほか多くの反時頼派御家人を打ち破る形での「天下泰平」の実現となったが、ともかくも勝利を得たことに対する御礼の寄進であろう。

なお、このころ著名な禅僧道元《どうげん》が鎌倉に来ており、時頼とも交渉があったが、詳しくは後で述べる。

邸宅の修理

時頼は、体制の一新にあわせて、自宅の修理もおこなっている。八月九日、まずは修理のために時頼が別の寝殿に居場所を移す。十月十八日、修理を加えた寝殿を、隣の場所に曳き移した。まるで新築のようであったという。そして二十一日に上棟をした（いずれも『吾妻鏡』）。宝治合戦による破損を修理し、自分自身の気持ちや周囲の人心を一新するために、邸宅を建て直そうとしたものであろうが、完全な新築ではなく、部分的な修理によって新築のように仕上げさせたのは、いかにも倹約好きで生真面目な時頼らしい。

さて、頼朝の月忌にあたる九月十三日、時頼は恒例仏事のために頼朝の法華堂を参詣し、非常に盛大な仏事となったという（『吾妻鏡』）。幕府創立者の墳墓である法華堂の参詣は、泰時にならって執権時頼も幕府を担う者としての自覚を持って始めたものであったが、三ヵ月前に三浦泰村・光村以下多くの武士を攻め滅ぼした現場でもあり、このときの参詣は時頼にとっては複雑な心境であったはずである。盛大な仏事も、合戦の死者に対する鎮魂の意味合いがあったのではないか。しかしながら、時頼がこのときに法華堂に参詣し、頼朝の墓前に向き合うことができたということは、新体制の整備を進めていくなかで、合戦後のもやもやとした気持ちに、一区切りつけることができたということでもある。

朝廷との交渉

時頼は、六波羅探題時代の経験も豊富な連署重時の助けを借りつつ、朝廷との交渉もぬかりなくおこなっていった。時頼の使者として大曽禰《おおそね》長泰《ながやす》と二階堂《にかいどう》行泰《ゆきやす》が八月八日に鎌倉を発ち（『吾妻鏡』）、八月十七日に五百騎ほどの兵を従えて京都へ入った（『葉黄記』）。翌十八日、関東申次の西園寺実氏につれられて後嵯峨上皇のもとを訪れ、「徳政をおこなわれるように」ということや、三浦泰村が所有していた肥前神崎《かんざき》荘や筑前宗像社《むなかたしゃ》を上皇に寄附することなどを申し入れた（『葉黄記』）。「徳政」の具体的内容は不明であるが、おそらくは評定制度の定着と公正な人事などが主なものであったろう。

御所移転の中止

十月十四日には、幕府（将軍御所）の移転計画が中止となった。この御所は、嘉禎《かてい》二年（一二三六）に泰時の主導で新造された若宮大路の御所である。すでに七月二十四日に移転を決めており、十月十四日に工事を開始するとし、御家人を動員するための御教書まで出されていた（『吾妻鏡』）。時頼は、新体制スタートにふさわしく新たな御所を建設しようとしたのであるが、なぜ急遽計画が中止になったのであろうか。森幸夫氏によれば、連署に着任した重時が御所移転に消極的であったからという。

さらに森氏は、この一件から、「当時の幕政の主導権は連署重時が握っており、執権時頼はナンバー・ツーの存在にすぎなかったといえる」と述べている（『北条重時』）。ナンバー・ツーにすぎないとまで言えるかどうかは別として、周囲の人々の意見にいちいち真剣に耳を傾ける律儀な性格の時頼が、政務運営において一門の長老重時の意向を最大限尊重しようとしていたことは疑いなく、その結果が御所移転計画の中止であった。

ちなみに、十一月十四日に完成した重時の新居には、幕府の最高議決機関である評定の会場となる評定所が設けられた（『吾妻鏡』）。よって、重時が幕府内でリーダーシップを発揮していたこと自体は確実である。

八田知定への恩賞

時頼もかなりの部分で自己の判断による幕政運営をおこなっていた。八田知定《はったともさだ》の宝治合戦の恩賞についての案件も、その一つである。去る九月十一日、知定は合戦の恩賞から漏れたことを嘆いて、訴状を幕府に提出した。知定は勲功があったのにもかかわらず、三浦泰村に味方していたのではないかとの疑いを持たれ、六月二十三日の段階でいったんは恩賞を与えないと決定していたのである。時頼は訴状を読み、担当の奉行人によく調べさせるよう、得宗被官の諏訪盛重に直接命じた。これを受けて、十一月十一日の評定でついに追加で知定に恩賞を与えることになったのである。世間では「珍事だ」と噂したという（『吾妻鏡』）。この件では時頼の強い意向が反映されているが、時頼本人の判断が揺れていることも、「珍事」と噂される原因となっている。

結城朝光への処分取消

どうも宝治合戦にからむことになると、時頼には何となく後ろめたい感じがあるのか、判断が甘くなったり、結論が変わったりするようである。結城《ゆうき》朝光《ともみつ》への恩賞の件にも、同様の事情がうかがわれる。宝治合戦の直後、下総の所領にいた幕府創設以来の功臣結城朝光が鎌倉へ出てきて時頼に会い、涙ながらに「自分が鎌倉にいたら、むざむざと三浦泰村を討たせるようなことはしませんでしたのに」と述べた（『吾妻鏡』六月二十九日条）。時頼を非難するかのようなこの言葉に対して、朝光を処罰すべきであるといったん決まったのであるが、後日時頼が「朝光は正直に思うところを述べただけで、長老でもあるのだから」と熱心に説いて、逆に筑前小島荘を恩賞として与えることになった（『吾妻鏡』十二月二十九日条）。合戦に参加もしていない朝光に恩賞というのは不自然で、江戸時代には「暴言に追従するとは軽薄である」と批判されている（『祖書証議論』）。宝治合戦は、大きなトラウマとなって、時頼の人生に暗い影を投げかけることになったのである。

四　皇族将軍の下向

年が替わって宝治二年（一二四八）正月一日、将軍頼嗣を接待する幕府恒例の行事「垸飯」がおこなわれ、時頼が沙汰人（幹事）をつとめた。すでに触れたように、正月一日

〜三日の沙汰人が幕府内の地位の一位から三位に相当することが指摘されている（村井章介『北条時宗と蒙古襲来』）。動乱を乗り越えた新年、あらためて時頼が幕府のナンバーワンであることが確認されたといえよう。

永福寺の修理

宝治二年二月五日、時頼は夢のお告げにより永福寺の修理をおこなうことを指示した（『吾妻鏡』同日条）。もともと永福寺は、源頼朝が義経・藤原泰衡《やすひら》以下の奥州合戦の戦死者の霊を慰めるために、平泉の寺院を模して創建したとされる（『吾妻鏡』同日条）。秋山哲雄氏によれば、このときの時頼による永福寺修理も、宝治合戦の犠牲者を供養すると同時に、三浦氏に勝利したことを内外に宣言する意味も持っていたという（「都市鎌倉における永福寺の歴史的性格」）。

十月二十一日には、時頼の信頼する官僚である清原満定が奉行となって、永福寺修理についての細部が決められた（『吾妻鏡』）。その後工事が開始されたと見られるが、翌建《けん》長《ちょう》元年（一二四九）八月九日には薩摩阿多《あた》郡北方《きたかた》の地頭である二階堂行久《にかいどうゆきひさ》に対して、修理費用が課されているので（『二階堂文書』関東御教書、『鎌倉遺文』七一〇五号）、御家人を広く動員しての事業であったようである。そして同年十一月二十三日、修理が終わり、時頼の護持僧にして鶴岡八幡宮別当の隆弁を導師として供養の法会《ほうえ》がおこなわれたのである（『鎌倉年代記　裏書』、『武家年代記　裏書』）。

時間は宝治二年に戻って、三月八日。時頼は何らかの願いごとのために、信濃の諏訪社に願文《がんもん》を納めさせた（『吾妻鏡』）。加えて、四月八日にはこの願いのために、隆弁を諏訪社に派遣して祈禱をさせている（『吾妻鏡』五月二日条）。このときの時頼の願いとは、合戦犠牲者の鎮魂と東国の平穏を祈るものだったとも考えられるし、この後、長男時輔《ときすけ》が誕生することから、安産の祈念であったとも考えられる。

経時三回忌

また、三月二十九日には、佐々目谷の墳墓堂において、兄経時の三回忌の仏事を催している（『吾妻鏡』）。五月十八日には、宝治合戦において大きな役割を果たした安達景盛（覚智）が、高野山において亡くなった（『吾妻鏡』）。五十九歳であった（『諸寺過去帳　中』）。時頼にとっては、久々に心静かに亡くなっていった人々の冥福を祈る日々となった。

長男時輔の誕生

五月二十八日、時頼に長男が誕生した。母は将軍家に仕えた女性で、時頼の側室である。子供は「宝寿」と名づけられた（『吾妻鏡』）。のちに、時利《ときとし》と名乗り、さらに時輔と改名する人物である。正妻としては毛利季光（西阿）の娘がいたが、前年の宝治合戦で季光が三浦方についたため、離別されたものと思われる（川添昭二『北条時宗』）。

いっぽう、時輔の母は「讃岐局《さぬきのつぼね》」と呼ばれた女性である。今野慶信氏によれば、出雲国横田荘地頭の三処《みところ》氏の出身で、時頼没後は出家して「妙音」と名乗り、時輔が二月騒動で追討されてからは、横田荘岩屋寺で余生をすごしたという（「北条時輔の母」）。

時輔は側室の子であるから、時頼の跡継ぎとなることはないのであるが、それでも時頼は安産の神である訶利帝母《かりていも》（鬼子母神）の十五童子像を産所に安置したり（『吾妻鏡』六月一日条）、有力な得宗被官諏訪盛重を乳母夫《めのと》に任命したり（『吾妻鏡』六月十日条）、それなりに目をかけている。確かに正妻の子である時宗や宗政の誕生のときと比べると、『吾妻鏡』の記事はきわめて簡単ではある（川添昭二『北条時宗』）。しかし、細川重男氏によれば、烏帽子親や婚姻相手の選定・官位の授与などを見ると、得宗家庶子としては相応の待遇であり、時輔が不当に差別されているとは言えないという（「相模式部大夫殿」）。身分不相応にならない範囲で、時頼は時輔をも大事に扱っていたのである。

八月二十五日、将軍頼嗣は従四位上の位を与えられた（『将軍執権次第』、『鎌倉年代記』）。将軍就任後、頼嗣は順調に位が上がっており、武士のトップである将軍にふさわしい高い位を得られるよう、時頼が朝廷に継続的に働きかけた結果であろう。

十一月二十九日、幕府は宝治合戦の恩賞として新たに地頭となった者たちに対して、本所・国司・領家への年貢をきちんと納め、住民に臨時の課税をおこなわないようにと指令をした。宝治合戦で多くの御家人が滅亡した結果、諸国の荘園・国衙領《こくが》で地頭が交替となり、年貢納入などをめぐるトラブルが頻発していたのである。合戦の影響は、一年半たったこの時点でも、まだまだ残っていた。

摂政人事への関与

時頼は、頼嗣を支えて朝廷との連携にも力をそそいだ。十二月二日、摂政の近衛兼経は「摂政の職を弟の兼平《かねひら》に譲りたいがどうか」ということを内々幕府に問い合わせるため、将軍頼嗣に宛てて書状を書き、使者を派遣した（『岡屋関白記』同日条）。これに対して頼嗣からは、十二月二十日付けで「摂政のことは幕府の関与は難しいです。なお、たびたび申し上げていることですが、徳政を実施されるよう重ねて申し上げます」という返事が届いた（『岡屋関白記』閏十二月七日条）。

頼嗣は当時やっと十歳、自力で返事をすることはとても無理であり、返事の内容は時頼の判断によるものである。摂政交替の件に関与は難しい、としたのは、幕府にはそのような権限はありません、と遠慮したのではなく、積極的に賛成はしかねますよ、というメッセージであった。その証拠に、結局兼経が摂政を辞任するのは、四年後の建長四年（一二五二）になってからである。

朝廷への徳政申し入れ

また、徳政の件は、時頼が特にこだわっていることがらで、前年の八月にも使者を派遣して、後嵯峨上皇に申し入れていた。そして、駄目押しのように、閏十二月二十一日には、幕府の使者が時頼の書状を携えて上京し、兼経を通じて上皇に徳政の実施を申し入れている（『岡屋関白記』同日条）。「徳政」の具体的内容は不明であるが、質素倹約の励行、公正・迅速な裁判の実施、神社・寺院の所領の保護などではないかと推測される。

このことは、同じころに幕府の評定で神社・寺院所領における地頭の違法行為を厳禁し、伊勢神宮などの訴訟を迅速に手続きするように定めていること（『吾妻鏡』十二月二十日条）からも、裏づけることができる。

この年を平穏無事に終えた時頼は、閏十二月十三日、重時とともに、頼朝の法華堂と北条義時の法華堂に参詣し、歳末の仏事をとりおこなった（『吾妻鏡』）。偶然ではあるが、頼朝も義時も同じ十三日が命日であったからである。時頼は、執権就任直後から、祖父泰時にならって頼朝の月忌に法華堂参詣をおこなっていたが、『吾妻鏡』に時頼の義時法華堂参詣のことが見えるのはこのときがはじめてである。泰時は年末には義時法華堂に参詣しているから（『吾妻鏡』暦仁元年十二月二十八日条、仁治二年十二月三十日条）、これにならったものであろう。

閑院内裏の焼失

翌建長元年（一二四九）の二月一日、後深草天皇の皇居である閑院内裏が火災で失われた。放火によるという噂も流れたが、真偽は不明であった（『岡屋関白記』同日条）。幕府は閑院内裏の再建を請け負うことを決め、朝廷に申し入れている（『百錬抄』四月四日条）。五月八日には、平亀若丸《たいらのかめわかまる》（千葉頼胤）が「閑院内裏の西対《にしのたい》の造営を命じられたが、とても無理なので免除してほしい」と訴え出ているので（『中山法華経寺所蔵双紙要文裏文書』、『鎌倉遺文』七〇七九号）、これ以前には、主な御家人に閑院内裏再建の役割分担が言い渡されていたことがわかる。六月五日には、六波羅探題を通じて西国に大田文《おおたぶみ》（土地調査報告書）の提出が命じられており（『久米田寺文書』嘉暦三年十一月日快実申状）、御家人に内裏再建費用を負担させるための資料作りと見られる。翌年三月一日には、最終的な工事の分担表が作成されており（『吾妻鏡』同日条）、それによれば、時頼が内裏の中心となる紫宸殿を担当することとされている。

相模守就任

六月十四日、臨時の除目《じもく》（朝廷の人事移動）があり、将軍頼嗣は左中将に、時頼は相模守に任命された。それまで相模守であった重時は、陸奥守に転任となった（『将軍執権次第』、『関東評定衆伝』）。相模守は、義時・時房・重時と、北条一門の中核となる人物が歴任しており、時頼以降は代々の得宗が任命されることになる重要な官職であった。したがって、この人事は、時頼が政権担当者にふさわしいことを認めた重時が相模守を譲ったことによって実現したと見られる（森幸夫『北条重時』）。執権とそれを支える連署、という位置づけを、朝廷の官職の面でも確認したものといえる。なお、この時点での朝廷の位は、時頼が従五位上であるのに対して、重時は従四位上で、依然として重時が上位であった。

十二月には、訴訟制度の一つとして、引付《ひきつけ》の制度が新設されるが、これについては後で詳しく触れることにする。

重時娘との結婚

この年の末ごろには、時頼は正妻として重時の娘を迎えたと推定される。時頼は二十三歳、重時娘は十七歳、のちに時宗らを産むことになる女性である（森幸夫『北条重時』）。また、同じくこの年には、建長寺の建立が始められている。

翌建長二年（一二五〇）、正月末に時頼は少々体調を崩している。「黄疾」というから、黄疸のような症状が出たと思われる（『吾妻鏡』正月二十八日条）。執権就任以来ずっと続いてきた極度の緊張と政務の多忙さが、身体に影響を与えたのであろう。しかしながら、二月八日に時頼は、病気をおして北条義時の建立した大倉薬師堂（のちの覚園寺）に参詣している（『吾妻鏡』）。夢のお告げによる、ということであるが、病気の原因に関わるような夢であったのかもしれない。続いて十二日には、鶴岡八幡宮に参詣して祈禱をおこなっている（『吾妻鏡』）。とにかく、時頼という人は、じっとしていることのできない性格だったらしい。

園城寺への後援

それでも、このときの病気は軽症ですみ、十八日には全快して仕事を再開している（『吾妻鏡』）。直後の二十三日には、時頼が信頼する鶴岡八幡宮別当の隆弁の申請を受けて、隆弁の出身寺院である園城寺《おんじようじ》（三井寺）の振興を幕府が後援することを決定している（『吾妻鏡』）。先の時頼の発病が、寺社の振興に努めよという神仏のお告げであると、隆弁あたりが示唆した可能性もある。

頼嗣の養育

時頼は、十二歳となった将軍頼嗣の教育にも心を配っていた。頼嗣の母（藤原親能の娘）は鎌倉に残っていたものの、父頼経は京都へ追放されており、妻の檜皮姫（時頼の妹）も病死していた。頼嗣の義兄にあたる時頼は、数少ない親族としても頼嗣の成長を見守る立場にあったのである。この年の正月十三日の朝廷の人事で、頼嗣は従来からの左中将に加えて美濃権守を兼任するようになっていた（『公卿補任』、『鎌倉年代記』）。これも、

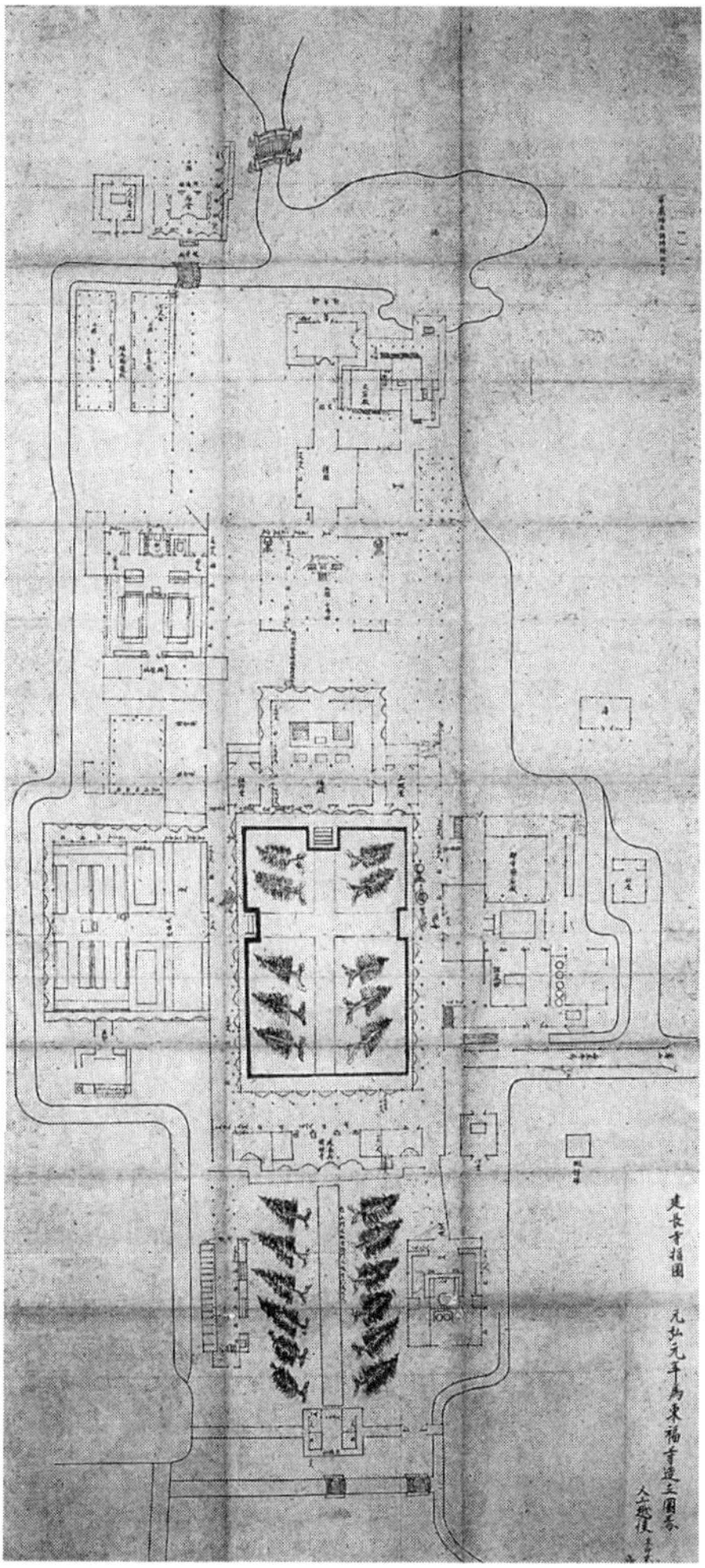

建長寺伽藍指図（建長寺所蔵）

時頼（幕府）の働きかけによるものであろう。

頼嗣に文武の師匠を推挙

二月二十六日、時頼は頼嗣に手紙を送って、文武の稽古に励むようにすすめるとともに、学問の師として中原師連《なかはらもろつら》・清原教隆《きよはらのりたか》を、弓馬の師として安達義景・小山長村《おやまながむら》・三浦光盛・武田信光・三浦盛時を御所に待機させて、常に教えを受けるように、と助言した。さらに、二階堂行方《ゆきかた》と武藤景頼《かげより》に命じて、御家人の子息のなかから学問を好む優秀な者を選ばせて、頼嗣とともに学ぶ御学友とした。

五月二十日には、頼嗣が、中国の帝王学の教科書として名高い『帝範《ていはん》』の勉強会を開き、学問に通じている清原教隆や時頼が参加した（『吾妻鏡』）。これは、時頼の勉学のすすめに頼嗣が応えたものである。すると今度は時頼が二十七日に、著名な中国の治世の書『貞観政要《じょうがんせいよう》』を書写させたものを、頼嗣に進呈している（『吾妻鏡』）。次はこれを勉強なさい、ということであろう。

北条政子の追善供養

七月十一日、時頼は重時とともに、頼朝の創建した勝長寿院の法会に参列した。評定衆以下の幕府の首脳部もそろって参列した（『吾妻鏡』）。十一日は北条政子の月忌にあたっていることや、政子が勝長寿院に葬られたと見られることなどから、政子の追善供養の法会と考えられる。これに関連して、十五日には、時頼の発案で、政子の持仏であった白檀の釈迦如来像の供養が、法印道禅を導師としておこなわれた（『吾妻鏡』）。この釈迦如来像は、かつて政子が自分の本尊とするために作らせたものであろう（『吾妻鏡』貞応元年十月十五日条）。時頼があらためて供養をおこなった理由は不明であるが、像の安置場所が変わったか、もしくは修理が完成したというような事情があったのであろう。頼朝法華堂・北条義時の法華堂参詣と同じく、幕府確立の功労者北条政子の供養をすることは、幕府指導者の重要なつとめと時頼は考えていたのである。

時頼邸火災

九月二十六日、時頼邸で火事があったが、「失火」ということであり、事件性はないものと思われる。二十八日に、火事で燃えてしまった家具などを重時が新調して時頼に届けている（『吾妻鏡』）。十二月三日には、佐々木泰綱の九歳の息子が時頼邸で元服し、時頼の一字をもらって「頼綱《よりつな》」と名づけられている（『吾妻鏡』）。時頼が烏帽子親をつとめたものであり、得宗家と有力御家人佐々木氏との関係を密接なものにするという意義があった。また、時頼邸で支障なく儀式がとりおこなわれていることから、先の火事が大規模なものではなかったことがわかる。

時頼邸新築

その後、時頼邸の新築工事がおこなわれ、翌年の十月八日に新居に移っているが（『吾妻鏡』）、この工事が火災による焼失を直接のきっかけにしたものかどうかは微妙である。以前、寛元二年（三四）に時頼邸が焼失したときには、半年後に新居に移っているのに対して、今度は火災の一年後であり、やや時間がたっている。実は三年前の宝治合戦直後にも時頼は邸宅の一部を修理しているが、この年になってようやく新築する余裕が出てきたので、人心一新の意味も込めて全面的な新築に踏み切ったのかもしれない。新居完成直後の建長三年十月十九日には、将軍頼嗣とその母親が時頼新居を訪問し、一泊している（『吾妻鏡』）。新居のお披露目が大々的におこなわれたのである。

評定所移転計画の中止

これと前後して、幕府の評定所を将軍御所の東北、つまり時頼邸の隣に新築する計画が持ち上がっていたが、陰陽師の「方角が悪い」という答申にしたがって、中止となった（『吾妻鏡』建長三年十月二十九日条）。秋山哲雄氏によれば、当時の評定所は御所に隣接する重時邸内に設置されており、幕府の中核のエリアは、時頼ではなく重時が押さえていたのであり、評定所新築計画に時頼と重時の主導権争いを読み取ることも可能であるという（「都市鎌倉における北条氏の邸宅と寺院」）。時頼は、幕府の重鎮重時の顔を立てながらも、自立の道を模索している状況であったのである。しかし、気配りの人時頼は、このときもまた、反対を押し切って評定所新築を強行することはなかったのである。

将軍近習の整備

さて、時間が前後してしまったが、建長二年十二月二十日、将軍御所に詰めるべき御家人が不足気味である問題について、時頼が決定を下している。その内容は、出勤を怠けている者はメンバーからはずし、その替わりに働き盛りで真面目な者を加え、新たに当番表を作成させる、というものであった。これを受けて、二十七日には、一番から六番までの近習《きんじゅう》の当番表が作成された（『吾妻鏡』）。将軍の権威を守ることは、幕府首脳としての時頼が常に気を配っていることであった。将軍頼嗣に文武を奨励したのも、将軍としての威厳を備えた人物に育つように、という気持ちもあったからに違いない。

そしてこの年も暮れを迎え、時頼と重時は、有力御家人らをしたがえて、頼朝・実朝・政子・義時らの墓所を参詣してまわった（『吾妻鏡』）。年末の恒例行事である。

明けて、建長三年（一二五一）。正月十日、京都では、幕府が御家人に工事を分担させて、再建を進めている閑院内裏の上棟式がおこなわれた（『百錬抄』、『皇代暦』）。

いっぽう、この年前半における時頼個人にとっての大事件は、嫡子時宗の誕生である。次の得宗の誕生ということもあってであろうが、五月までの『吾妻鏡』の時頼関連記事は、出産関係の記事で多くが占められている。前年の建長二年八月二十七日に、正室（重時の娘）の妊娠がわかったことにより祈禱がおこなわれ（『吾妻鏡』）、それ以来時頼は安産祈願を繰り返しおこなってきた。以下、出産までの動きを、『吾妻鏡』によってたどってみよう。

正室の安産祈願

まず建長二年十二月五日、時頼は、着帯（妊娠五ヶ月めに妊婦が岩田帯をつける儀式）の加持祈禱をしてもらうために、京都滞在中の隆弁を呼び戻す使者を派遣するとともに、自分の所領内での殺生を翌年五月まで禁止して、安産を祈った。妊婦の父重時もこれになららった。十二月八日、大倉薬師堂に参詣して安産を祈り、願書を奉納した。同十三日、京都から駆けつけた隆弁を導師として、着帯の加持祈禱をおこなった。薬師護摩・如意輪護摩・北斗供《ほくとぐ》の三つの祈禱を、すべて隆弁がおこなったという。同十八日には、妊婦本人の希望で七観音（鎌倉周辺の七つの観音霊場）の堂の前で、安産祈願の読経がおこなわれた。同二十三日には、時頼側室の三河局（「二男若公の母」と記される。二男を時輔と解釈すれば讃岐局と同一人物になるが、詳細不明）が、時頼邸から他の場所へ移された。日ごろから正妻との間に口喧嘩があり、正妻の父の重時が時頼に苦情を言ったため、このようなことになったのである。妊婦に余計な心労をかけさせないように、という重時の父親としての心遣いである。

翌建長三年（一二五一）正月八日、時頼が安産祈願のために作らせた金銅薬師如来像が完成し、隆弁を導師として供養がなされた。同時に長日薬師供と大般若経真読が始められた。同十七日、安産祈願のために、時頼邸において隆弁の導師による放光仏の供養と、如意輪護摩がおこなわれた。「放光仏」とは、放光菩薩のことで、観音菩薩・地蔵菩薩を一対としたものである。これを礼拝すると安産の利益があるという中国の信仰が、十一世紀ころから日本の貴族社会に定着していったという（清水邦彦「日本における放光菩薩信仰の展開」）。同二十一日には、安産のために、百日泰山府君祭という陰陽道の祭祀がおこなわれ、経費は安達義景が負担した。四月十三日、時頼は武蔵鷲宮への奉幣のために、隆弁を派遣した。これも、安産祈願ではないかと思われる。

嫡子時宗の誕生

五月一日には、安達氏の邸宅の一角、松下禅尼の甘縄邸に産所が置かれ、時頼妻はこへ移った。そして、五月十五日酉刻（午後六時ごろ）、医師・陰陽師・祈禱の僧が妊婦のそばに控え、隆弁も加持をおこなうなか、ついに男子が誕生した。産所には、時頼・重時以下一門の人々や多くの御家人がつめかけていた。祈禱の僧たちには、ただちに褒美が与えられた。一連の時頼の安産祈願から始まってこの日まで、出産をめぐって大騒動であったことがわかる。それもそのはず、生まれてくる子が男子であれば、正妻の長男、つまり時頼の正統な後継者として得宗の地位を継承することになるのである。この男子こそが、正寿丸、のちの時宗であった。川添昭二氏は、正寿丸の「正」は正嫡を意味し、時宗は母の胎内にあったときからすでに政治的な存在であった、と述べている（『北条時宗』）。

隆弁の活躍

このときの安産祈願で大活躍したのが、時頼の護持僧で鶴岡八幡宮別当の隆弁であった。隆弁は建長二年正月元日に八幡宮で、「この年の八月には懐妊するだろう」との夢のお告げを受け、さらに建長三年二月に伊豆三嶋社で、「五月十五日に男子を無事に出産するだろう」とのお告げを受けたといい（『吾妻鏡』建長三年五月十五日条）、いずれもその通りになったため、時頼のさらなる信頼を得ることになった。

五月二十一日、重時がとりしきって、生まれた男子のお七夜の儀式がとりおこなわれた。同二十七日、子は産所から小町の時頼邸に移り、隆弁には祈禱の恩賞として能登国諸橋保《もろはしのほ》が与えられた（いずれも『吾妻鏡』）。

閑院内裏の落成

六月二十七日、幕府の手によって再建が進められてきた閑院内裏が完成し、後深草天皇の引っ越しの儀式がおこなわれた。そして同日、再建工事の功績により、将軍頼嗣は従三位に、時頼は正五位下にそれぞれ昇進した（『吾妻鏡』七月四日条、『武家年代記』、『公卿補任』）。

足利泰氏の出家

十二月になって、この年のもう一つの大事件が発生した。事件の序幕となるのが、足《あし》利《かが》泰氏《やすうじ》の出家事件である。足利氏は頼朝につながる清和源氏の一族として高い家格を誇り、宝治合戦での三浦氏滅亡後は、北条氏に対抗しうる唯一の豪族であった（村井章介『北条時宗と蒙古襲来』）。また、足利氏は婚姻を通じて北条得宗家と親密な関係にあった。たとえば、義氏は泰時の娘婿（時頼の伯父）、泰氏は時氏の娘婿（時頼の義弟）という関係であった。ただ、宝治元年（一二四七）三月二日、泰氏の妻（時頼の妹）が亡くなり（『吾妻鏡』）、若干縁が薄くなってはいた。

十一月二十九日、何らかの異変が予測されたのか、時頼邸で「関東の安全」を祈るための大般若経真読がおこなわれた。そして直後の十二月二日、足利家の当主泰氏が、自分の所領である下総国埴生《はぶ》荘で、三十六歳で突然、ひそかに出家したのである。『吾妻鏡』には、「ここ数年の思いを遂げたもので、ただ山林修行をしたいという意志にほかならない、ということだ」と記しているが、わざわざことわっているのが、かえって不自然に思われる。

五日になると、得宗被官諏訪盛重の周囲であわただしい動きがあり、夜半には武装した人々が時頼邸の門前に集まってくるという騒ぎがあったが、ほどなく静まっている。続いて七日、足利泰氏がみずから、幕府に無断で出家する「自由出家」の罪をおかしたことを申告してきた。自由出家は罪であるので、所領の埴生荘は没収されて、金沢実時に与えられた。泰氏は、「自分は時頼の親類であり、父義氏は幕府の長老であるから、所領没収はやめてほしい」と嘆願したが、「人の地位や立場に配慮して、法を曲げることはできない」と一蹴されている（以上、『吾妻鏡』）。ただ修行したいから出家した、ということにしては、何か穏やかでない雰囲気が流れている。

村井章介氏によれば、この後に続く謀叛発覚事件や将軍頼嗣の更迭という文脈から見れば、足利泰氏は時頼打倒の陰謀に関与していたと考えられ、状況の不利を覚っていち早く手を打ち、出家をしたものという（『北条時宗と蒙古襲来』）。

了行らの謀叛計画発覚

十二月二十六日、謀叛の疑いにより了行《りょうぎょう》法師・矢作《やはぎ》左衛門尉・長《ちょう》次郎左衛門尉長《なが》連《つら》らが、佐々木氏信・武藤景頼らによって捕らえられた。諏訪盛重（蓮仏）が尋問したところ、反逆の意図が明白となった。鎌倉中が騒動となり、御家人たちが鎌倉へ駆けつけてきたという。翌二十七日、謀反人が死罪や流罪に処せられた。周辺の御家人が続々と鎌倉に詰めかけてきたが、帰国するようにとの命が出されたという（『吾妻鏡』）。

千葉氏と九条道家の関与

事件の首謀者の一人である了行は、千葉氏庶流でかつ千葉氏本家の被官となっていた原氏の出身で、千葉氏の菩提寺千葉寺の僧であったが、中国（宋）に渡った経験もあり、のちに京都の九条家の御堂の僧となった人物である。矢作左衛門尉は、同じく千葉氏庶流国分氏の出身で常氏という人物にあたる。また了行は、宝治合戦で打撃を受けた千葉氏のみならず、九条家・九条道家と密接な関係にあったことが明らかになっている（野口実「了行とその周辺」、「鎌倉時代における下総千葉寺由縁の学僧たちの活動」、牧野和夫「十二世紀後末期の日本船載大蔵経から奝然将来大蔵経をのぞむ」）。

『皇代暦　裏書』の建長四年正月一日条には、「鎌倉から使者が到着した。九条大御堂の僧了行が、勧進と称して謀叛の趣意書を回覧していたことが発覚し、捕らえられた。仲間も逮捕されたという」とあって、了行が九条家の御堂の僧であることを隠れ蓑として、勧進（カンパ）と称して謀叛の同志を集めて回っていたことがわかる。この記事からも、九条家の関与が疑われる。

足利泰氏の関与

さらに、野口実氏は了行の出身である原氏が、足利氏と接点があったことも指摘している（「了行とその周辺」）。それればかりでなく、森幸夫氏によれば、首謀者の一人である長久連は足利泰氏の家人である可能性があるという（『北条重時』）。いずれも、足利泰氏が謀叛に関与したという村井章介氏の説を裏づけるものである。

『保暦間記』は、「了行を尋問したところ、前将軍九条頼経が謀叛を起こそうとしていることがわかったので、九条家一族は多くが天皇から処罰を受けた。現将軍頼嗣も京へ帰ることになった」としている。『鎌倉年代記　裏書』では、「了行の騒動により、九条道家の一族は多くが天皇の処罰を受けた。ただし、二条良実《よしざね》の親子は処罰を免れた」とされている。これらの記事から、陰謀の背後に九条道家・頼経の父子がいたことは確実である。『武家年代記　裏書』では、千葉一族の了行について「三浦」という注をつけており、そのこと自体は事実に反するが、事件を宝治合戦の敗者による巻き返しと、当時の人々がとらえていたことがわかる。村井章介氏は、頼経を慕う寛元・宝治の政変の敗残者たちを集めて、頼経を将軍に戻し、執権には時頼に替えて足利泰氏をつけるというのが陰謀の中身であったと推測している（『北条時宗と蒙古襲来』）。

二条良実の立場

二条良実は九条道家の子であるが、父道家とは不仲であった。寛元の政変・宝治合戦による頼経の失脚は良実の讒言のせいであるとして、道家は良実を義絶していた。道家・頼経との対抗関係から、良実は時頼と近い関係にあったと推測される。そのために、道家一族が処罰されても、良実親子のみは無傷ですんだのである。

実はこの年の二月十日、時頼は良実に「今後のことは、どうかご安心なさるように」という、思わせぶりな自筆の手紙を送っていた（『吾妻鏡』）。このときすでに、時頼は陰謀計画の情報を得ており、道家・頼経・頼嗣らの排除を慎重に画策し始めていたのではなかろうか。これまで見てきたように、時頼は頼嗣を将軍にふさわしい人物に育成しようと必死に努力してきていたが、頼嗣が将軍の位にあるかぎり父親の頼経の政治的影響力を排除できないことがわかり、ついに見切りをつけたと思われる。

想像をたくましくするならば、計画が漏れるきっかけは、二条良実もしくは千葉氏あたりが時頼に情報を提供したことにあるのではなかろうか。首謀者に千葉氏関係者がいるにもかかわらず、事件後に千葉氏が謝罪したり処罰されたりした形跡はまったくない。これは、いち早く情報をつかんで、時頼に伝えた功績により、連帯責任を免れたということではなかろうか。

泰氏出家の真相

宝治合戦の苦い経験から、時頼は事件をできるだけ穏便におさめたかったはずである。時頼は、ひそかに慎重に足利泰氏に圧力をかけたのではないだろうか。情報をつかんでいることをほのめかして、出家して恭順の意思を示せば、他の一族の罪は問わないと迫ったと想像される。被害を最小限におさえるため、泰氏は泣く泣く出家した、というところではなかろうか。実際、事件の後も父義氏は正月の垸飯沙汰人をつとめており、表向きは足利氏の面目は保たれている。

『徒然草』に見る足利氏と時頼

時頼と足利氏の関係を象徴するエピソードとして、『徒然草』第二一六段がある。その内容は、次のようなものである。

あるとき、鶴岡八幡宮に参詣したついでに、時頼が足利義氏の邸宅を訪問した。義氏夫妻と隆弁が主人側の座につき、もてなした。酒の肴は、のし鮑、海老、かき餅、以上で終わりであった。時頼が「毎年いただく足利の染物が、待ち遠しいですな」と言ったところ、義氏は「用意しておりますよ」と色々な染物三十を出して、眼の前で侍女たちに小袖に仕立てさせ、後で届けさせたという。

『徒然草《つれづれぐさ》』の作者兼好《けんこう》がどのような意図でこの話をとりあげたのか、はっきりはしないが、とりあえずは時頼の時代における質素なもてなし・贈り物を語るもの、と見ておきたい（五味文彦『『徒然草』の歴史学』）。鮑や海老の肴、染物三十の贈り物が質素かどうかは、意見が分かれるところであろうが、幕府の最高権力者と最有力の豪族のあいだにしては質素であると、兼好をはじめ当時の人々の眼には映ったのである。

この話に足利氏の当主泰氏が登場しないことや、時頼の護持僧隆弁が主人側の席にいたことから、筧雅博氏は、泰氏出家によって微妙な立場におかれた足利氏が、北条氏との変わらぬ関係を広く世間に示そうとしたのが、この場面であると推測する（『饗応と賄』）。ただし、『徒然草』では足利邸訪問はむしろ時頼の発案のように描かれており、両者の変わらぬ関係を示そうとしたのは、時頼の側であったようである。

また、佐藤和彦氏は、この話で染物のことを口にした時頼の態度は、賄の強要以外の何物でもなく、かなり強引なものであると評している（「味噌をなめた男」）。おそらく、時頼としては強要するつもりではなく、足利氏に対する得宗家の優位はほぼ不動のものとなっていて、染物を毎年もらうことが当たり前という感覚になっていたのであろう。悪意もなく、無意識のうちに贈り物をねだってしまう時頼の態度は、いかにも「育ちの良いお坊ちゃん」という感じを受ける。あえて深読みをするならば、時頼は例年と同じ贈り物を要求することで、泰氏出家の後も、得宗家・足利氏の関係は以前と変わらないということを、暗に示そうとしたのかもしれない。

足利氏の退潮

三年後の建長六年（一二五四）十一月十六日、足利義氏が危篤となったとき、時頼は見舞いに訪れており（『吾妻鏡』）、このころまでおおむね良好な関係にあったことがうかがわれる。同二十一日に義氏は亡くなるが、翌々年の康元元年（一二五六）正月にはまだ泰氏の子頼氏《よりうじ》が垸飯沙汰人をつとめている。しかし、その翌年以降、足利氏は垸飯沙汰人から姿を消し、頼氏は得宗家から嫁を迎えることができず、やはり建長の事件をきっかけに足利氏は徐々に勢力を失っていったと推測される

寛元・宝治・建長の政変

ところで、村井章介氏は、この建長三年の了行の陰謀事件と、寛元の政変・宝治合戦を総称して「寛元・宝治・建長の政変」と呼んでいる。三つの事件に共通するのは、将軍勢力と執権勢力が対立して後者が勝利したこと、前者の中核に前将軍九条頼経がいたことであった（村井章介『北条時宗と蒙古襲来』）。この三つの事件の結果、九条家出身の将軍は排除され、北条得宗家が幕府の実権を握ることが決定的となったのである。

建長四年（一二五二）正月は、元日から三日まで恒例の幕府垸飯がつつがなくおこなわれた。特に、三日の垸飯は足利義氏の主催でおこなわれ、同じ日に将軍頼嗣は御行始として時頼邸を訪れている（『吾妻鏡』）。数日前の了行の事件がまるで嘘のように、表面上は何ごともなかったかのように正月の儀式が進められていったのである。

しかし、正月七日の深夜に、甲冑をつけて旗を揚げた武士が、御所や時頼邸に次々と駆けつける騒ぎがあり、夜明けになって静まった（『吾妻鏡』）。京都でも、二月五日に上皇の御所で「五壇法」という大規模な加持祈禱がおこなわれ、関東の安寧と朝廷の泰平が祈願された（『皇代暦　裏書』、『五壇法日記』）。朝廷としても、幕府の動揺は望むところで

はなかったのである。

正月十二日には、承久の乱の後鳥羽方の中心人物であった長厳僧正の霊が少女にとりつき、「自分は先ごろ後鳥羽上皇の使者として関東へ下り、時頼の屋敷にいたが、隆弁の祈禱で追い出されたので、京へ帰ることにした」と語った（『吾妻鏡』）。いまだに人心が動揺していることを示すとともに、隆弁の活躍もあって時頼をとりまく危機が去り、事態が沈静に向かうだろうという人々の期待があらわれている。二月十二日、時頼邸で「関東安全」を祈るために、如意輪法がおこなわれた（『吾妻鏡』）。時頼も、おそらく隆弁の協力を得て、世間が平穏になるための必死の努力を続けていたのであろう。

皇族将軍下向の要請

二月二十日、二階堂行方と武藤景頼が、鎌倉から京都へ向かった。これは、「現将軍頼嗣を解任し、後嵯峨上皇の皇子の一宮（宗尊《むねたか》親王）か三宮（のちの亀山天皇）のどちらかを、新たな将軍として下向させてほしい」と、時頼と重時が上皇に申請するための使者であった。申請の手紙は時頼みずからが書いて署名し、重時のみが署名に加わったもので、他の者は一切知らされていなかったという（『吾妻鏡』）。極秘中の極秘事項を、時頼がほぼ独断で決行したのである。

九条道家の死

そしてまさにその翌日、京都では九条道家が六十歳で亡くなった（『尊卑分脈』）。息子の頼経を再び将軍に戻して朝廷内での勢力を挽回しようとした計画が失敗に終わり、衝撃を受けたあまりの死去ではないかと想像される。鎌倉には二十七日に道家死去の知らせが届き、時頼・重時以下、幕府の主な人々が集まって協議し、「幕府としてよく考えて行動を起こすべきときである」という結論に達したという（『吾妻鏡』）。具体的な議論の内容はよくはわからないが、この機会に皇族将軍の実現をいっそう強く求めていこう、ということを確認したのではなかろうか。

宗尊親王下向の決定

時頼の要請を受けて、三月一日から何度も上皇の御所で討議がなされ、十一歳の一宮と三歳の三宮のどちらが良いかを幕府に尋ねることになった。よって、六波羅から使者が派遣され、五日の辰刻（午前八時ごろ）に鎌倉に着いた。早速時頼・重時らが会議を開いて検討し、一宮（宗尊親王）が良いと決め、返答のために申刻（午後四時ごろ）に使者はあわただしく京都へ帰っていった（『吾妻鏡』三月五日条）。十三日には、六波羅からの使者が、宗尊親王が来たる十九日に出発するという知らせを鎌倉に届けた。十六日には、時頼と重時は、親王の無事下向のための祈禱を僧侶に命じている（『吾妻鏡』）。

これらの情勢からは、何としても皇族将軍を実現したい、という時頼たちの熱意が伝わってくる。かつて北条政子が皇族将軍を望んだときには、後鳥羽上皇に「どうして日本を二つに割るようなことをするものか」と拒否されており（『五代帝王物語』）、以来皇族将軍の下向は幕府の長年の夢であった。しかし、このころには幕府の軍事力の支えによ

後嵯峨上皇像（『天子摂関御影』宮内庁三の丸尚蔵館所蔵）

って院政が守られるという体制が定着しており、後嵯峨上皇と幕府の関係も良好なものであった。『五代帝王物語』も、「今は世のなかも幕府の方針も穏やかになっているため、上皇は特に問題にすることもなく皇子を関東に下したのだろう」と推測している。

宗尊親王は、後嵯峨上皇と平棟基《むねもと》の娘棟子のあいだに生まれた。すでに、上皇と西園寺実氏の娘（大宮院）との間に生まれ、宗尊より年下である後深草天皇が即位しており、宗尊が即位する可能性はなかった。そのため、「親王が天皇になられない以上は、将軍になることほど良いことはない」とされ（『増鏡』）、宗尊親王の下向は喜ぶべきことと京都の人々にも受け取られていた。そして、在位中の後深草天皇と兄弟の関係にある宗尊親王をトップに戴くことになれば、幕府や東国地域の地位が格段に上がることになるのである。

宗尊到着と頼嗣上洛

三月十七日、宗尊親王の下向が朝廷で正式に決定された。十九日、かねてからの予定通りに宗尊は京都を出発して鎌倉へ向かった。いっぽう、将軍の座を追われることになった九条頼嗣は、二十一日に御所を出て、北条時盛の佐助の邸宅に移った。四月一日、いよいよ宗尊は鎌倉に到着し、時頼邸に入った。しばらくは時頼邸の寝殿が将軍御所として使用されることになるのである。連日、賑やかに歓迎の宴がおこなわれるなか、三日には頼嗣が京都へ向けて出発していった（以上、『吾妻鏡』）。幼くして将軍の位についた頼嗣も、十四歳となっていた。

皇族将軍の実現

ちょうど宗尊が鎌倉に着いた四月一日、京都では宗尊親王を征夷大将軍に任命するという宣旨が出されていた。ただちに宣旨の写しが六波羅から送られ、五日に鎌倉に到着、時頼と重時がこれを閲覧している。追って十一日には、朝廷の正式な使者が宣旨の原本を鎌倉に届けた（『吾妻鏡』）。名実ともに、皇族将軍が誕生したのである。

これ以降時頼は、頼嗣のときと同様に、将軍の威厳を保つために環境を整え、精力的に儀式を推進していく。まず四月三日には、御所の格子の上げ下げをする御家人を選び、当番表を作成している（『吾妻鏡』）。以下、『吾妻鏡』によって、立て続けにおこなわれる新将軍の儀式や建物の工事のさまを見ていこう。四月四日・五日の二日をかけて、時頼邸において、将軍家の「弓始《ゆみはじめ》」の日程について、吉凶の議論がなされ、十四日と決まった。十四日、早朝寅刻（午前四時ごろ）に宗尊ははじめて鶴岡八幡宮に参詣し、京より宗尊に付き従って下ってきた公家や時頼以下の御家人が御供をした。御所に帰ってから、辰刻（午前八時ごろ）「政所始《まんどころはじめ》」の儀式があり、続いて「弓始」がおこなわれた。その次に「評定始《ひょうじょうはじめ》」があって、時頼・重時以下の評定衆が参加、新将軍就任に際して伊勢神宮などの神社に神馬を寄進することを決め、時頼・重時の二人が評定の議事録を宗尊のもとに持参した。晩になって、「乗馬始《のりうまはじめ》」の儀式があり、時頼が馬を用意した。十七日、「鞠始《まりはじめ》」の儀式。二十四日、将軍御所での蹴鞠《けまり》の会。

将軍御所の新築

いっぽう、二十一日には、将軍御所の新築工事のことが評定で話し合われた。頼嗣の御所があった場所に、新たに宗尊の御所を建設するということである。二十九日には、時頼邸で、前将軍頼嗣の御所を五月に壊すことの是非を審議した。陰陽道によれば五月に家を壊すのは不吉だという意見もあったが、時頼が「昔の賢人は、『自分の家を壊すのに、いちいち吉凶は気にしない』と言った。ましてや、前将軍の御所であるから、ますます気にすることはない」と言ったことにより、五月に壊すこととなった。前将軍であれば気にすることはない、というのはどういう意味か、よくわからないが、ともかく時頼が宗尊御所の新築を急ごうとしたことはよくわかる。

六月二日、御所の新築工事が開始される。十六日、疲れが出たのか、宗尊が体調を崩す。慣れない土地での連日の行事は、十一歳の少年にはきつかったであろう。七月九日、新御所の門の上棟がおこなわれる。また、現御所として使用されている時頼邸の門を、新しい門に作り替えるよう時頼が命じている。八月二日、新御所の上棟。十一月四日、政所の新築工事が終わり、時頼・重時が完成祝いの儀式をおこなった。十一月十一日、新御所が完成し、宗尊の引っ越しの儀式がおこなわれた。おおよそ、このような様子が翌年以降も続いていくのである。建長六年（一二五四）閏五月一日には、時頼は宗尊の御所を訪れ、将軍の近習たちを呼び出して酒宴をおこないながら、武芸の怠慢をたしなめている。これもまた、将軍宗尊への教育的配慮から出た行動であろう。

日光山別当の交替

ところで、宗尊親王が将軍に着任した翌年の建長五年（一二五三）、北関東武士団の信仰の中心であった日光山の最高責任者（別当）が交替した（『日光山別当次第』）。新たに別当となった尊家《そんけ》は公家の六条顕家《あきいえ》の子で、貴族・皇族出身者が別当となる最初の例となった。『日光山別当次第』によると、延暦寺の僧である尊家がたまたま訴訟のために鎌倉に下向していたときに、時頼がその能力・見識を見込んで別当に任命したという。また、前の別当の性弁《せいべん》は、常陸の有力御家人関氏の出身で、甥の関政泰は宝治合戦で三浦方につき、滅ぼされていた。右の二つを考えあわせると、性弁から尊家への別当交替は、関氏の滅亡という状況をうけて時頼が主導した可能性が高く、時頼による北関東武士団への牽制と見られる（高橋慎一朗「日光山と北関東の武士団」）。加えて、皇族将軍の下向とあわせて、北関東の天台の中心拠点に貴族の別当を置くことによって、東国社会そのものの格上げをねらったという背景もあると思われる。

三男宗政の誕生

同じ建長五年正月二十八日には、時頼の三番目の男子（のちの宗政）が誕生している。お産の場には、例によって隆弁が立ち会っており、そのほかの祈禱僧や医師・陰陽師は、出産後に駆けつけてきたのだが、それでも褒美は与えられたという（『吾妻鏡』）。ますます隆弁への信頼度が増すようなできごとである。二月三日に、隆弁によって男子は「福寿」と名づけられた（『吾妻鏡』）。母は時宗と同じく、北条重時の娘である。時宗（正寿）のときに比べればはるかに少ないが、それでも『吾妻鏡』には誕生前後の記事が多く見える。以下列挙してみよう。前年の建長四年七月二十八日、時頼は北斗供をおこなわせ、安産の祈願をしている。十月三日、時頼妻の着帯がおこなわれ、隆弁が加持を担当した。そして誕生後の三月二十一日、宗政とその母は産所から時頼邸へ帰った。四月二十六日、時頼が以前より作らせていた七仏薬師像が完成し、隆弁を導師にして供養がおこなわれた。仏像の建立は、時頼が時宗・宗政の安全を願うためであった。時頼は子供のなかでも、時宗と宗政をとりわけ大事にしたらしい（川添昭二『北条時宗』）。正妻の子である、ということが大きな理由であろう。

聖福寺の建立

宗政誕生の翌年、建長六年（一二五四）四月十二日、時頼は鎌倉の西の郊外に聖福寺《しょうふくじ》を建立することにし、工事を開始した。この寺院は、関東の無事、特に時頼の二人の息子正寿（時宗）・福寿（宗政）の無病息災を祈って建立されたもので、二人の名「正」（聖）・「福」から字をとって寺名にしたという。隆弁が大勧進となって、広く資金を集め、工事を推進した。同十八日には、早くも十二の神々を勧請した聖福寺鎮守の神殿が上棟されている。十二の神々とは、神験・武内・平野・稲荷・住吉・鹿島・諏訪・伊豆・箱根・三島・富士・夷社であった（『吾妻鏡』四月十八日条）。『鶴岡社務記録』によれば、正月二十八日に、鶴岡八幡宮別当の隆弁が、鶴岡の御神体を「聖福寺新熊野」に移している（『鎌倉廃寺事典』は四月の誤りとする）。新熊野社は先の十二社のなかに見えないが、建武年間の文書に「聖福寺新熊野」と出ていることから、『鎌倉廃寺事典』は新熊野が聖福寺の中心となる神社で「神験」がそれにあたるものと推測している。『吾妻鏡』五月八日条に、「聖福寺神験宮」で舞楽がおこなわれたとあり、神験宮が聖福寺のなかでも重要視される社であったことは確かである。

ところで、聖福寺建立に際して隆弁を通じて広く金銭が集められたことについて、筧雅博氏は、北条氏とゆかりのない多くの人々の寄進によって建てられてこそ聖福寺は強い力を持つと、時頼とその周囲は考えたと推測する（『蒙古襲来と徳政令』）。時頼の聖福寺にかける強い思い、言いかえれば、後継者候補として時宗・宗政の二人にかける期待の大きさがうかがわれる。なお、寺全体の完成がいつであったかは、はっきりしない。

第四　時頼政権の諸政策

一　御家人の保護

以下では、時頼の執権在任中、主に宝治《ほうじ》合戦以降の重要な諸政策について、テーマごとに見ていくことにしたい。

経時期の大番役改革

まずは御家人保護政策の代表的なものとされる、京都大番役《おおばんやく》の改革について見ていこう。すでに経時《つねとき》の代の寛元《かんげん》四年（一二四六）正月に、幕府は、それまで大番役の御家人が篝《かがり》屋《や》勤務を兼ねていたのを廃止し、在京人《ざいきょうにん》（六波羅探題の指揮下にある京都常駐の御家人）にもっぱらおこなわせるようにしている（『東寺百合文書　イ』寛元四年正月十九日北条重時書状案、『鎌倉遺文』六六〇九号）。この措置には、在京人の人員構成がこのころには充実してきたため、京都に慣れた在京人に担当させて治安維持の効果をあげようとする目的があったと見られる（森幸夫『北条重時』）。同時に、諸国から京へ上る大番役の御家人の、負担軽減につながる措置でもあった。

しかし、同年十月に時頼が篝屋を廃止したため、京都の治安維持は検非違使《けびいし》と在京中の武士の夜行によって代行されるようになったことは先に述べた。このことで逆に大番役の負担が増すようになったことも考えられ、大番役の勤務状態が悪化していたようである。これに対して、宝治元年（一二四七）八月五日に時頼は、「大番役をしっかりつとめるように」との指令を出している（『吾妻鏡』）。

新たな大番役の当番表作成

同年十二月二十九日、幕府は新たに大番役の当番表を作成し、主に関東の有力御家人に対して一番から二十三番までの順番を割り当て、三ヵ月ずつつとめるように定めた（『吾妻鏡』）。これより以前の文暦《ぶんりゃく》元年（一二三四）正月の時点で、六ヵ月ずつつとめるよう命じた史料があることから（『鎌倉年代記』、『鎌倉幕府追加法』六六条）、従来は宝治元年の大番役改革によって勤務期間が六ヵ月から三ヵ月に減らされ、御家人の負担が半減したと見られてきた（網野善彦『蒙古襲来』）。

負担の均等化という意見

確かにそうした側面があることは否定できないが、このときの改革は、宝治合戦で多くの御家人が滅亡してしまい、欠員が生じたことに対応することが主目的であった。また、実は、前年十二月に大番役は一時規模を縮小して、関東武士の勤務を停止し、畿内武士のみでつとめるようになっていた（『民経記』寛元四年十二月八日条）。したがって、関東の御家人にとっては負担の復活という面もあり、単純に御家人の負担軽減ということはできず、むしろ負担の均等化と言ったほうがよいと思われる。

なお、十三年後の文応《ぶんおう》元年（一二六〇）の時点では六ヵ月の勤務であったことがわかっているので、それまでには再び六ヵ月間に戻されていたことになる（五味克夫「鎌倉御家人の番役勤仕について（一）」）。

検断機構の整備

時頼政権期には、京都に限らず全国的に検断《けんだん》（警察）機構の整備が進められた。西田友広氏によると、宗尊《むねたか》親王の下向後、山賊・海賊・夜討・強盗などの重罪人逮捕について、地頭の下にいる地頭代・沙汰人《さたにん》も動員し近隣と協力して対処させたり（建長五年十月一日『鎌倉幕府追加法』二八二条）、奥大道《おくだいどう》（陸奥への基幹街道）の夜討・強盗を、地頭・沙汰人・住人を組織して取り締まらせたり（建長八年六月二日『鎌倉幕府追加法』三〇七条）、検断機構を縦に横に組織していったという（「鎌倉幕府検断体制の構造と展開」）。大番役の改革は、こうした一連の動きのなかの一つでもあり、もともと軍事・警察を専門とする御家人（地頭）の責務が、より強く求められるようになったとも言える。

引付制の設置

御家人保護政策のもう一つの大きな柱と考えられるのが、建長《けんちょう》元年（一二四九）の引付《ひきつけ》制度の設置である。引付は、評定《ひょうじょう》の下に置かれた新たな裁判機関である。佐藤進一氏によると、引付の設置は裁判の迅速化が最大の理由であり、くわえて、人心を安定させ新執権時頼への心服を得る方策の一つとして訴訟制度の改革がおこなわれた、という（『鎌倉幕府訴訟制度の研究』)。『関東評定衆伝』の建長元年の項にも、「十二月に引付を始める。人々の訴訟がなかなか進まないためである」と記されている。

引付設置の前年の宝治二年（一二四八）二月十八日、幕府は評定衆北条資時《すけとき》（真昭）の担当する訴訟の処理が遅れ気味であることについて、戒告を与えている。同年十一月二十三日には、裁判機関の問注所《もんちゅうじょ》の奉行人《ぶぎょうにん》のなかに、職務怠慢して酒宴にうつつを抜かし、評定の座で訴訟について質問があってもろくに答えられない者があって審理が滞るので、こうした者は解雇するとの決定がなされている（『吾妻鏡』）。公正・迅速な裁判をめざす時頼政権の姿勢が、すでに見られるのである。

引付頭人の任命

そして、建長元年（一二四九）十二月九日、評定衆のうち北条政村《まさむら》を一番引付の頭人《とうにん》（責任者）、北条朝直《ともなお》を二番の頭人、北条資時（真昭）を三番の頭人に任命した。これによって、引付が誕生したのである。続いて十三日には正式に引付が開始され、頭人の下で訴訟を担当する引付衆に、二階堂《にかいどう》行方《ゆきかた》・二階堂行泰《ゆきやす》・二階堂行綱《ゆきつな》・大曽禰《おおそね》長泰《ながやす》・武藤《むとう》景頼《かげより》の五人が任命されたのである（『関東評定衆伝』）。

引付設置の意義

引付の基本的な構成は、番（審理担当チーム）ごとに責任者である頭人（評定衆のなかから選任）、その下に数名の評定衆、引付衆、奉行人が配置されるという形であった。また、引付の職務内容は、幕府裁判のなかでも御家人相互間の訴訟や、荘園領主と御家人間の訴訟を審理することにあった（佐藤進一『鎌倉幕府訴訟制度の研究』）。御家人が関わる裁判の迅速で正確な進行がはかられたわけで、この措置によって御家人たちの信頼が時頼に集まったことは確かである（網野善彦『蒙古襲来』）。

ただし、尹漢湧氏によれば、北条氏一門と側近によって構成された引付を、評定と重層的に組織することによって、時頼は執権の権力基盤の外延を広げたという。また、引付には設置直後から、御家人訴訟以外にも寺院や祈禱関係などの職務もあったという（「引付の訴訟外機能から見た執権政治の構造」）。よって、引付設置意義についても、単純に御家人保護のみで解釈することはできない。

裁判の迅速化と公正化

いっぽうで、引付の設置後も、さまざまな形で裁判の迅速化と公正の維持がはかられた。建長二年（一二五〇）四月二日には、引付での文書審査において善悪が明白な場合は、被告・原告の対決という手続きを省略することが決定された。同時に、引付は巳刻（午前十時ごろ）以前に開始すること、頭人以下の役人は遅刻しないようにし、審理報告書とともに担当役人の出欠表を提出するようにすることが命じられた。この時代にしてはずいぶんと細かいところまで指示が出されているものだとも感じられるが、役人たるものは誠心誠意、真面目に裁判に取り組むべきであるという、時頼の意思によるものであろう。

同年九月十日には、裁判にあたっては御成敗式目《ごせいばいしきもく》の規定に従って判決を下し、不公平が生じないようにせよと、引付・問注所・政所《まんどころ》に指令が出されている（『吾妻鏡』）。

勤務優秀者の表彰

時頼は、御家人の職務怠慢をひどく嫌ったことがわかるが、逆に真面目に積極的に職務に取り組んだ者に対しては、優遇措置を与えている。宝治二年（一二四八）閏十二月十六日、訴訟の取り扱い件数が多い奉行人（役人）に対しては、褒美（おそらくは土地）を出す、ということを通達している。建長二年（一二五〇）十二月十五日には、将軍御所の控室での宿直当番を熱心につとめた者たちに、褒美（これもおそらくは土地）が与えられた。経験年数の長い短いに関係なく、勤務態度の優秀な者に対して、この措置がとられたという（『吾妻鏡』）。

もう少し直接的な、時頼の御家人たちに対する気配りの例も知られる。宝治二年閏十二月二十日、翌年正月の弓始《ゆみはじめ》のために射手たちの練習がおこなわれる予定であったが、時頼は「寒中の練習は射手も嫌であろう。暖かくなってからのほうが弓も調子が良いと古老が言っているから、年明けにしたらどうか」と言って中止させたという（『吾妻鏡』）。部下がより良い環境で仕事ができるよう、あれこれ配慮する上司、という感じである。

御家人保護政策とその背景

幕府御家人のなかでも西国の御家人は、幕府から直接に地位を保障される東国の御家人とは違って、役職やそれに付随する土地自体は本所（荘園領主や国司）によって与えられる不安定な存在であった。時頼政権は、宝治二年（一二四八）七月二十九日には、西国御家人を保護する法令を出している（『鎌倉幕府追加法』二六四条）。この法令では、本所から役職を任命されている西国御家人が、本所の法廷で不利な判決を受けて嘆願をしてきた場合には、それを受けて幕府から本所に抗議する、とされている。

実は、同様の西国御家人保護法は泰時の代の天福《てんぷく》二年（一二三四）五月一日（『鎌倉幕府追加法』六八条）・経時の代の寛元元年（一二四三）八月三日（『同』二一〇条）にすでに出されており、宝治の法令もこれを継承するものであった。高橋典幸氏は、宝治の法令が宝治合戦後に御家人の支持を集めることが動機となって発令されたと推測するとともに、寛元法・宝治法の立法目的が「個々の御家人の保護」ではなく「総体としての御家人役の確保」であったことを指摘している（「鎌倉幕府軍制の構造と展開」）。御家人保護政策の背後に、大番役などの御家人役をつとめる人材の確保、というドライな欲求があったことがわかる。

以上見てきたように、時頼政権のいわゆる御家人保護政策は、御家人たちが真面目に職務に励むこととセットになっていたのであり、単純な御家人優遇策ではなかったのである。時頼は御家人たちの安定した立場を保障するかわりに、彼らに対して、自分と同じく、強い責任感を持って真摯に統治にあたる「善き行政官」であることを望んだ、ということである。

二　撫民と倹約

年貢の減額

時頼の政権は、「撫民《ぶみん》」、つまり民衆の生活の安定を大事にすることを強調していた（網野善彦『蒙古襲来』）。たとえば、建長元年（一二四九）九月二十五日に、陸奥国好島 荘《よしまのしょう》の預所《あずかりどころ》をつとめる伊賀光宗《いがみつむね》に対して、幕府から年貢の絹の量を二百疋から百五十疋に減額する決定を伝えている（『飯野文書』関東御教書、『鎌倉遺文』補遺一四五九号）ことは、そのあらわれであろう。

雑人訴訟の重視

「雑人《ぞうにん》訴訟」の重視もまた、時頼政権の撫民政策の一つであった。雑人訴訟とは、雑人（一般庶民・百姓）が幕府に訴え出ることである。

まず、宝治元年（一二四七）十一月一日に、地頭が一元的に支配している所領においても、名主《みょうしゅ》から訴えがあれば、事情によっては幕府で裁決をおこなうことを決めている。同十一日には、地頭支配地について名主・百姓が訴訟を起こした場合、もし彼らに過失がなければ、開発した土地については権利を認めるように定めている（『吾妻鏡』）。おそらく両者は一連の法であって、前者における「事情」について、後者で詳しく定めたものと見られる。地頭（御家人）の支配下にある庶民が、地頭の頭越しに幕府に訴え出て権利を主張する、いわば直訴の道を開いたものといえる。

宝治二年（一二四八）三月二十日には、「雑人訴訟において、被告が出頭しないことがあるが、今後は三度催促しても出頭しない場合は、審理を経ずに判決を下す」という法令を出している（『鎌倉幕府追加法』二六二条）。この法令は、雑人訴訟の迅速化をはかるものである。

建長二年（一二五〇）四月二十九日には、諸国の雑人は地頭の紹介状、鎌倉中の雑人は地主《ぬし》の紹介状がなければ、幕府に直接訴えることはできないと定め、問注所と政所に通達した（『吾妻鏡』）。問注所・政所に伝えられたのは、問注所が諸国の雑人訴訟を、政所が鎌倉中の雑人訴訟をそれぞれ担当する機関だったからである（佐藤進一『鎌倉幕府訴訟制度の研究』）。地頭が、自分を訴えるような訴訟の紹介状を書くことはありえないので、ここで想定されているのは雑人どうしの訴訟であろう。雑人が訴訟を起こすことを認めつつも、地頭・地主（御家人）が絡まない雑人どうしの紛争は、できる限り居住地の支配者である御家人（地頭・地主）に対処させようということであろう。

同年六月十日には、幕府評定で、「百姓が地頭を訴えた訴訟に関して、百姓に誤りがなければ妻子・所従《しょじゅう》（奴隷）・資財・収穫物などについては返却し、田地や住宅については地頭が責任をもって百姓に与えるように」、と定めた（『吾妻鏡』、『鎌倉幕府追加法』二六九条）。続いて、八月二十六日、幕府の命令に従わないことにつながる雑人訴訟は禁止するとし、もし幕府の命令を遵守した上での訴えであれば制限はしないと決めている（『吾妻鏡』）。さらに、九月十八日には、雑人が訴訟を起こすときには、「もし訴えの内容が偽りであったならば、橋の修理費用として十貫文を払います」という誓約文を提出させることとしている（『吾妻鏡』）。

以上のことから、時頼政権は、雑人が御家人（地頭）の不当な行為を訴えるような雑人訴訟についてはは幕府が直接とりあげることを保障するかわりに、雑人どうしの訴訟についてはむしろ制限を加えて省力化をはかっていたことがわかる。よって、雑人訴訟の重視は、撫民政策の一つではあるが、一面では雑人を通じて御家人の勝手な行動を牽制しているようにも見える。

撫民の法

もちろん、明らかに庶民の立場を守るための「撫民」の法令も出されている。建長五年（一二五三）十月一日に諸国の地頭代に対して出された十三ヵ条の法令（『鎌倉幕府追加法』二八二〜二九四条）には、「撫民」の語が頻繁にあらわれる。地頭代は、地頭の代官として実際に現地で庶民の支配を担当する者たちである。法令の内容は、「山賊・海賊などの重罪についても、証拠がなく容疑だけで逮捕し、拷問によって白状させて処罰してはいけない」、「殺人・傷害の犯人は、本人だけを罰して、家族・親類を処罰してはならない」、

「窃盗犯の家族・親類を処罰してはならない。これに背くのは『撫民の法』を否定するものである」、「牛・馬を盗む者は重罪に処すべきだが、『寛宥の儀』によって拘禁にとどめる」、「地頭のなかには、民のささいな喧嘩を咎めて処罰する者があるというが、今後は『撫民の計らい』をして、『無道な沙汰』はやめるように」、「百姓の田畠をとりあげて追い出したり、財産を奪ったりする者があるという。まったく『政道の法』に背くものである。ひたすら『撫民の計らい』につとめ、農業を推進するように」などである。

この十三ヵ条の法令は、全体として警察活動の名目で庶民の生活を脅かす地頭・地頭代の行為を禁止する法令と言える。本郷和人氏が指摘するように、「撫民」は、民を支配する地頭御家人の、恣意的な行動を抑制するものであった（「霜月騒動再考」）。時頼の政権は、御家人たちに対して、勝手気ままに庶民をこき使う荒くれ者ではなく、「政道」を体現し「撫民の計らい」をなす統治者であるように求めていた（網野善彦『蒙古襲来』）。

撫民思想と重時の影響

さて、本郷恵子氏によると、そもそもこのような鎌倉時代の撫民思想の淵源には、浄土信仰をもとにする人間第一主義があったという（「鎌倉期の撫民思想について」）。これをうけて、本郷和人氏は、浄土教を深く信仰していた北条重時こそが「撫民」の真の提唱者ではないか、と推定している（「霜月騒動再考」）。重時の影響を強く受けていたと思われる時頼が、その主張に耳を傾けて政策に取り入れていったことは、おおいにありうることである。

質素倹約の精神

時頼が、質素倹約を心がけていたことも、よく知られることである。有名な『徒然《つれづれ》草《ぐさ》』第一八四段の、時頼の母松下禅尼《まつしたぜんに》の障子張りのエピソードは、時頼の倹約精神が母の強い影響を受けていたことを示すものである。「相模守時頼の母は」で始まるこの段は、建長五年（一二五三）に没する安達義景《あだちよしかげ》が登場することから、時頼の執権時代の話と推測される。

松下禅尼の障子貼りのエピソード

時頼の母松下禅尼（安達景盛の娘）は、時頼成長後は安達氏の別邸内に住んでいたと思われるが、ある日安達氏が時頼を招待することがあって、禅尼みずからが破れた障子の切り貼りをしていた。それを見た安達の当主で禅尼の兄である義景が、「まるごと張り替えたほうがよほど簡単だろうに。まだらになっては、見苦しくもなるのでは？」と言ったところ、禅尼は「私もいずれは、さっぱりと張り替えてしまおうと思うのですが、今日はわざとこうしているのです。物は破れたところを修理して使い続けるものだということを、若い人（時頼のこと）に見せて、心がけるようにさせるのです」と答えたという。『徒然草』の作者兼好《けんこう》は、「世を治める道は、倹約を基本とする。禅尼は、女性ながら聖人の心に通じている。天下の政治を取りしきる人を子に持つだけあって、本当にただものではない」とコメントを付けている。

もう一つ、時頼の倹約精神を示すものとして有名な話が、『徒然草』第二一五段の、味噌を肴に酒を飲む逸話である。そのあらましは、次のようである。

味噌を肴に酒を飲む話

大仏《おさらぎ》（北条）宣時《のぶとき》の語った昔話である。ある晩、時頼に呼ばれたことがあって、きちんとした衣服がなくてぐずぐずしていると、「夜だから、どんな格好でもよい。すぐ来い」ということだったので、着古した衣服で駆けつけると、時頼は酒の入った銚子と土器（杯）を用意して待っていた。「この酒を飲もうと思ったが一人では寂しいので、呼んだのだ。肴がないが、家の者たちは寝静まってしまったので、何かないか探してくれ」と時頼が言うので、あちこち探して台所の棚から味噌を見つけて、「これを見つけました」と持っていくと「これで十分だ」と気持ちよく数杯飲んで上機嫌であった。その当時の雰囲気は、こんなものだったよ、という宣時の話。

時頼が、北条一門の若者大仏宣時を呼び出して飲んだときの話を、後になって宣時が兼好に話したのである。鎌倉時代にはまだ味噌は貴重な食品で、酒の肴に味噌をなめることは清貧の象徴であるかは吟味が必要だ、という佐藤和彦氏の指摘（「味噌をなめた男」）があるが、あくまでも幕府のトップとしては質素である、という話である。庶民と同じくらい質素である、というわけではない。時頼が質素倹約をめざそうとしたことは、確かであろう。

重時の家訓との関係

また、この話に関連して思い起こされるのが、北条重時《しげとき》が息子の長時《ながとき》に与えた教訓と考えられている『六波羅殿御家訓』である。このなかの第十二条には、「酒が手元にあるときに、たとえ器一つ分でも一人で飲んではいけない。都合のつく者たちを残らず呼んで、一杯ずつでも飲ませなさい。そうすれば、人々がなついてくるものだ」とある。日ごろ重時のアドバイスを受けていた時頼が、酒を飲もうとしたときに律儀にそれを守ろうとして、急ぎ一門の若者を呼び出したのかもしれない。

ぜいたく禁止政策

網野善彦氏によれば、時頼の政権が過差《かさ》（ぜいたく）を禁じるような政策をとったのは、商工業、特に貨幣の浸透にともなうぜいたくを警戒したためであった。それは御家人の保護と一体のもので、中小御家人が所領を質に入れて米銭を借りるような事態を防ぐためには、ぜいたくを禁じ、酒の販売を禁じ、物価を強制的に下げさせるなど、強権を駆使せざるをえなかったのだという（『蒙古襲来』）。

少し後の時代になるが、幕府奉行人の中原政連《まさつら》が北条貞時《さだとき》に提出した諫言書『平政《たいらのまさ》連《つら》諫草《いさめぐさ》』に、「このごろの御家人はぜいたくのために費用がたらず、所領を売ったり質入れしたりするようになった。税がかかれば、また所領を売るが、それでも払えずに時を過ごしている」という一節がある。このような御家人の危機がすでに時頼の時代にあらわれていたのである。

政策としての過差の禁止には、時頼個人の志向や、御家人の保護という観点のほかにも、伝統的な政権のあり方を時頼政権が受け継いだという面があった。過差禁止令そのものは、すでに平安時代から繰り返し朝廷によって出されてきていた。そして、その多くは、「新制」と呼ばれる複数の禁止条例からなる法令の形で出された（水戸部正男『公家新制の研究』）。また、過差禁止を含む新制は、天変地異を除くためにおこなう「徳政」の一環として出されたものであり、当初公家の新制を取り次ぐだけであった幕府も独自に新制を出すようになったのである。

幕府による新制

幕府が独自に出した最初の新制は、泰時執権期の延応《えんおう》二年（一二四〇）三月十八日のものであり、天変に対応する徳政として倹約を主眼に出されたとされる（稲葉伸道「新制の研究」、佐々木文昭「『関東新制』小考」）。この流れを受けた時頼政権のもとで、建長五年（一二五三）九月十六日、関東御家人と鎌倉住人を対象にして、過差禁止令を中心とする新制が出されたのである（『吾妻鏡』）。形式的にはこの新制は将軍宗尊《むねたか》親王によって発布されたと見られるが（稲葉伸道「新制の研究」）、実際には時頼の強い意向が反映されたものと考えてよいのではなかろうか。

限定つきの撫民

時頼の御家人保護政策や撫民政策によって、御家人や名主《みょうしゅ》クラスの有力百姓の不安定さは一時的に解消され、そのような人々を地盤として、後に触れる時頼の「廻国伝説」も形成されたと思われるが、商工業者・金融業者・下層の百姓などは時頼の「撫民」の対象とはなっていなかった（網野善彦『蒙古襲来』）。結局、時頼の眼は、幕府を支えるべき御家人（地頭）たちに向けられており、御家人の「あるべき姿」として撫民が求められ、また彼らの生活基盤をおびやかさない限りにおいての「撫民」がおこなわれたのである。質素倹約の奨励もまた、御家人の経済的安定に直結していた。それをおびやかすような経済活動は、強権的に抑制される運命にあったのである。

三　鎌倉と商業・流通

都市鎌倉のソフト面の整備

次に、都市鎌倉の整備や、商業・流通活動、対外貿易などに関する時頼政権の政策を見ていこう。すでに泰時の代には、都市鎌倉の基本的な骨格をつくる、いわばグランドデザインを描くような整備がおこなわれている。たとえば、「保《ほ》」という行政制度の導入、和賀江島という港湾施設の建設、小袋坂《こぶくろざか》（巨福呂坂）・六浦道《むつらみち》など鎌倉と外部を結ぶ道の整備、若宮大路沿いへの将軍御所の移転などがそれにあたる。特に若宮大路沿いへの御所の移転は、最盛期を迎えた都市鎌倉の基本軸が、東西から南北へと変化させる泰時の政策の象徴と評価されている（石井進「文献からみた中世都市鎌倉」）。これに対して、時頼の代には、治安維持や都市内部の隅々を清潔にして都市の秩序を保つような、ハードというよりはソフト面を整備する政策がとられている。

治安維持の必要性

まずは、治安維持関係について見ていこう。宝治元年（一二四七）八月二十日、幕府は鎌倉中の保奉行人に命じて、浮浪人をリストアップして追放させた（『吾妻鏡』）。保奉行人とは、鎌倉中を区切る行政単位である「保」ごとに置かれた、管理担当の幕府役人である。建長二年（一二五〇）三月十六日にも、保奉行人に浮浪人のリストを作成させ、地方に追放して農作業に従事させた（『吾妻鏡』）。流入する浮浪人をたびたび追放しなければならなかった背景には、当時の鎌倉では大量の消費生活者と労働力需要が存在するようになり、着の身着のままでやってきた者も何とか食いつないでいけるという状況となっていたことがある。

寛元四年（一二四六）には、紀伊《きい》重経《しげつね》という御家人の丹後の所領から、年貢を鎌倉まで運んできた人夫が、年貢ごと姿をくらまし、のちに米町で重経の家来に発見されたあげく、将軍御所の台所に逃げこむという珍事件があった（『吾妻鏡』十二月二十八日条）。おそらく人夫は、年貢を米町で金に換え、当座の資金として鎌倉の雑踏に紛れて生活していこうとしていたのであろう。当時の鎌倉が、不特定多数の人間が出入りし、逃亡者・犯罪者が紛れこみやすい、という都市の特徴を備えていたことがよくわかる（高橋慎一朗『武家の古都、鎌倉』、『武士の掟』)。

人身売買の取り締まり

生活に困窮した者が流入してくるいっぽうで、労働力の需要も大きかった鎌倉では、人身売買も横行していた。建長元年（一二四九）七月十三日の幕府の判決状（関東下知状）によると、肥後の御家人相良《さがら》頼重《よりしげ》は、訴訟の相手方から「下人二人を捕らえて、そのうちの一人を鎌倉で売買しようとした」と非難されている（『相良家文書』、『鎌倉遺文』七〇九一号）。都市鎌倉が、人身売買の市場となっていたことがうかがわれる。

これに対して幕府は、建長年間（一二四九～五六）に、「人さらいや人商人（人身売買業者）は、律令の規定に従って処罰する。また、人商人が鎌倉中や諸国の市場に多くいるという。今後は鎌倉では保奉行人がリストを作成して追放し、諸国では守護が処罰をするように」という法令（『新編追加』、『鎌倉幕府追加法』三〇九条）を出している。鎌倉では、リストを作成しなければならないほどの数の「人商人」がいたのである。なお、同内容の法令は、後の弘長《こうちょう》元年（一二六一）の『関東新制條々』中においても出されている（『鎌倉幕府追加法』三九三条）。また、建長七年（一二五五）八月九日には、「人身売買の代金は没収して鎌倉大仏に寄附することとする。各地の地頭は責任をもって銭を送るように」という法令（『新編追加』、『鎌倉幕府追加法』三〇四条）も出されている。これは全国を対象に出されたものではあるが、人身売買の代金を当時建造中の鎌倉大仏に寄附させている点が注目される。

鎌倉でも人身売買が横行していたからこそ、時頼周辺でこのようなアイデアが浮かんだのであろう（高橋慎一朗『武士の掟』）。

盗みへの対応

鎌倉では盗みも多発していたようで、宝治二年（一二四八）四月七日には、将軍御所に盗人が入り、厨子《ずし》などの重宝を盗みだされ、警備に手抜かりがあったとして保奉行人が処罰されている（『吾妻鏡』）。建長七年（一二五五）八月十二日の法令（『新編追加』、『鎌倉幕府追加法』三〇五条）では、「盗人が盗んだ物を売買すれば、たちまち盗みが発覚してしまうので、こっそり質に入れて金を借りることがある。たとえ持ち主が質物を見かけて盗まれた物と気づいても、質屋が『世間の通例』といって質入れした者の名や住所を教えないという。これはけしからぬことなので、今後は質入れのときに、名前と住所を尋ねさせるように」と、保奉行人に命じている。この法令から、鎌倉には盗品を質に取って金を貸すような業者が存在していたということがわかる（高橋慎一朗『武士の掟』）。

住民の夜行

鎌倉では、治安維持のために一般の住民たちも動員されていた。時頼以前の泰時・経時の代より、保の住人たちに夜間の巡回警備（夜行）が義務づけられていた。ところが、建長二年（一二五〇）四月二十日には、庶民が夜行のときに弓矢を携帯することを禁止するように保奉行人に指示が出されている（『吾妻鏡』）。庶民が太刀を持つことも同時に禁止されていることから、時頼が鎌倉市中の治安維持をはかると同時に、武士と庶民の身分差を明確にすることにも気を使っていたことがわかる。

商業活動の抑制

先に見たように、時頼政権は御家人の生活基盤を維持するために、過差（ぜいたく）を禁止し、商業活動を抑制しようとしていた。しかし、そればかりではなく、幕府は鎌倉中の商人（商店）を把握して統制下に置こうとしていた。宝治二年（一二四八）四月二十九日、幕府は鎌倉中の商人の人数を定めている（『吾妻鏡』）。これより三十年以上も前の建保《けんぽう》三年（一二一五）七月十九日に鎌倉中の商人の数を定めているのであるが（『吾妻鏡』）、おそらく有名無実と化していたのであろう。

町屋の規制

また、建長三年（一二五一）十二月三日には、「鎌倉中のあちこちにある町屋《まちや》と売買の設《もうけ》は、七ヵ所の地域以外では一切禁止する。許可する場所は、大町・小町・米町・亀谷辻・和賀江・大倉辻・気和飛《けわい》（化粧）坂上である」という幕府の法令が出されている（『吾妻鏡』）。「町屋」とは道路沿いの建てられた常設の商業施設、「売買の設」とは仮設の店舗と考えられる。幕府が町屋公認の地区を七ヵ所に限定したのは、鎌倉で増加し続ける商人（商店）をあらためて掌握し、公認と引き替えに税を徴収しようとしたのではなかろうか（高橋慎一朗『武士の掟』）。

酒販売の禁止

さらに、幕府の商業統制は、商売の中身にまで及んだ。建長四年（一二五二）九月三十日、幕府は鎌倉中で酒を販売することを禁止するように保奉行人に命じた。鎌倉中の民家の酒壺の数を調べさせたところ、三万七二七四個であったという。翌月十六日には、「酒壺はすべて破壊せよ。ただし一家に一つだけは残してもよいが、酒以外のものを入れて使うようにし、酒を造ってはいけない。違反者は処罰する」という、より徹底した命令が出されている（『吾妻鏡』）。

ただし、幕府の年中行事や武家屋敷における飲酒そのものは禁止されていないので、想像をたくましくすると、幕府公認の特定の酒屋のみが営業を許され、販売独占の見返りとして幕府に税を納めていたのかもしれない。また、鎌倉での酒売り禁止は、先に見たぜいたく禁止政策にもつながる。関東御家人と鎌倉の住人を対象にして、ぜいたく禁止を中心とする幕府の新制が定められたのは、翌建長五年（一二五三）の九月十六日のことであった（『吾妻鏡』）。

なお、松尾剛次氏によると、酒販売の禁止は、時頼が蘭渓道隆《らんけいどうりゅう》に帰依したことにもよるという。蘭渓たち禅僧が依拠した戒律（『梵網経　下』の十重四十八軽戒）には、酒販売を禁ずる戒があり、その影響を受けた時頼が都市民にも仏教者の理想を守らせようとしたのだという（『中世都市鎌倉の風景』）。

公定価格

建長五年十月十一日には、幕府は「近年、炭・薪・萱木・藁・糠の値段が高いので、商人に値下げを命じる」として公定価格を定め、和賀江津で取り引きされる材木の寸法を八尺もしくは七尺に統一する、という法令を出している（『吾妻鏡』）。価格統制については、対象地域は不明であるが、鎌倉が含まれていたことは確かと思われる。しかしながら、翌建長六年（一二五四）十月十七日には、「先に定めた炭・薪などの価格は廃止するので、自由に商売するように」という幕府法令が出されており、幕府の物価統制は実際にはうまくいかなかったようである。

以上のように、商人を把握しようとしたことに象徴的にあらわれているように、時頼政権はぜいたくへの警戒を持ちながらも、現実には盛んとなっていた商業へ関心を持たざるをえなかったのである。

建長五年八月十四日、鶴岡八幡宮の西門脇に「夷三郎明神」が勧請され、神楽の奉納があった。同日、「大黒天社」も勧請されている（『鶴岡八幡宮寺社務職次第』、『群書類従』所収）。時頼が創建した聖福寺にも、夷（恵比寿）社が勧請されていた。保立道久氏は、右にあげた福神のほか、同時期に江ノ島弁才天も福神として信仰を集めており、その背景には鎌倉が現実に富を集中したこと、その富を求めて多くの人々が鎌倉に存在するようになったことがあったと指摘している（「都市の葬送と生業」）。現在も福神として信仰を集めている佐助の銭洗《ぜにあらい》宇賀福《うがふく》神社（銭洗弁天）には、時頼が参詣して湧き水で銭を洗い、世の人々の息災や子孫の繁栄を祈ったという伝承がある（『神奈川県の地名』）。時頼のころの鎌倉では、商品や銭の盛んな流通が見られ、幕府もそれを何とか把握しようとしていたことがうかがわれる。

海外との交流

幕府は、中国（宋）を中心とした海外からの物や人・知識の流入にも関心を持つようになっていた。蘭渓道隆などの宋から来た禅僧への帰依や、それにともなう中国風禅宗寺院の建立などは、代表的な事例であろう。宋から来日した朗元房《ろうげんぼう》という医師は、蘭渓道隆のもとで得度し、時頼に見いだされて時宗のかかりつけの医師となり、三十余年も鎌倉にいたという（川添昭二「鎌倉時代の対外関係と文物の移入」）。

時頼が西大寺叡尊《えいそん》の鎌倉下向を要請した際の使者は、定舜《じょうしゅん》という律僧であったが、彼は入宋の経験があり、鎌倉における唐物搬入ルートに関与していた。定舜は唐物交易ルートを介して幕府と接触があったからこそ時頼の使者となれたのであり、時頼政権が対外貿易掌握のために律僧との連携をはかっていたと考えられるという（小野塚充巨「中世鎌倉極楽寺をめぐって」）。

唐船制限令

宋との貿易品も大量に鎌倉へ入ってくるようになっていたが、日宋貿易に対する幕府の姿勢を象徴するのが、建長六年（一二五四）四月二十九日に出された法令である。この法令は、研究史上「唐船制限令」と通称されているが、「唐船は五艘のほかは置いてはいけない。そのほかは破壊せよ」という内容である（『吾妻鏡』）。法令の文面自体は非常に簡略で、具体的な内容がよくわからないが、五味文彦氏によれば、政所と問注所宛てに指令が下されているという形式から、東国全般に対して出されたものと見られるという(『吾妻鏡』の時代』)。東国のうちでも、特に鎌倉の和賀江島を念頭においた法令と見る説もある(永井晋「金沢文庫古文書に見る唐船派遣資料」、大塚紀弘「唐船貿易の変質と鎌倉幕府」)。

この唐船制限令の立法意図についても諸説あるが、橋本雄氏は、ぜいたく禁止を目的とする倹約令の一環で、鎌倉へ入港する貿易船を五艘に限定するものであったが、所詮は統治者の「徳」を示すための建前にすぎなかったと見ている(『鎌倉時代と世界』)。実際、この法令によって鎌倉での貿易品の需要が抑制されたとは思われず、唐船を破壊した事例も確認できないことから、幕府は法令の効果に期待したというよりは、徳政(過差禁止)としての意義を求めたと考えられるという(中村翼「鎌倉幕府の『唐船』関係法令の検討」)。幕府は、商業一般に対する方針と同じく対外貿易に関しても、抑制をめざしつつ、みずからの統制下に置こうとしていたのである。

山ノ内の整備

泰時政権ほどではないが、時頼政権のもとでも都市鎌倉のインフラ(基盤)整備はおこなわれていた。たとえば、建長二年(一二五〇)六月三日には、鎌倉から山ノ内および六浦へ抜ける道(いわゆる「切り通し」)が土石で埋まって通行しにくくなっているため、それぞれを補修させることを決めている(『吾妻鏡』)。

右に見える山ノ内は、鎌倉の西北の外側に位置し、山内荘という得宗領の荘園であった。山ノ内にはすでに義時・泰時の別荘が置かれていたが、時頼の代には建長寺が創建され、時頼が最明寺《さいみょうじ》という持仏堂をともなう別荘を構え、その周辺には時宗・宗政らの別荘も置かれるなど、急速に重要度が増している（秋山哲雄「都市鎌倉における北条氏の邸宅と寺院」）。また、建長五年（一二五三）に得宗被官の諏訪盛重《すわもりしげ》（蓮仏）が北条経時追善のために山ノ内に堂を建立しているほか（『吾妻鏡』十一月二十九日条）、得宗被官の伊具《いぐ》四郎入道の邸宅が山ノ内にあったことが知られる（『吾妻鏡』正嘉二年八月十六日条）。

証菩提寺の再建

建長二年（一二五〇）四月十六日には、山ノ内本郷にある証菩提寺《しょうぼだいじ》（現横浜市栄区）の修理再建が幕府によって決定され、清原満定《きよはらみつさだ》が担当者に指名されている（『吾妻鏡』）。本郷は、建長寺などのある場所よりもさらに北側に位置するが、山内荘の本来の中心地区と見られる（『鎌倉の地名由来辞典』）。湯山学氏によれば、証菩提寺再建は、山内荘の領主でもある時頼の主導で進められ、隆弁の弟子で鶴岡八幡宮供僧《ぐそう》であった宗弁《そうべん》が中興開山に迎えられたと見られるという（「山内本郷の証菩提寺と一心院」）。

以上の事例から、山ノ内と鎌倉を結ぶ道路の改修がおこなわれたのは、両者が密接なつながりを持っており、山ノ内地区の整備に時頼が力を入れていたからと思われる。山ノ内と鎌倉は、行政区画としては分かれていても、連続する都市となっていたと言える

鎌倉から山ノ内へぬける小袋坂の風景
（『一遍聖絵』第五巻第五段，清浄光寺（遊行寺）所蔵）

（永井晋「中世都市鎌倉の発展と藤沢」）。

さらに時頼は、建長六年（一二五四）に、鎌倉の西の外側の稲村ヶ崎付近に、聖福寺《しょうふくじ》を建立している。建長四年（一二五二）に鋳造が開始された鎌倉大仏も、鎌倉の西の深沢郷長谷の地に位置しており、時頼の時代には鎌倉の西側に大きく比重が移動する傾向が見られたのである。

時頼の代には、町中の道の整備も進められた。建長四年（一二五二）二月十日、幕府は鎌倉中の小路を狭くすることを取り締まるように、保奉行人に命令している（『吾妻鏡』）。同様の法令はそれ以前にも何度か出されており、民家が道にせりだしてくることを規制する意図があった。また、先に見たように建長三年（一二五一）には鎌倉中の町屋を七ヵ所に限定する法令が出されたが、このときには「牛を小路につないではいけない」、「小路の掃除をするように」という法令もセットで出されている（『鎌倉幕府追加法』二七二条）。

道の整備に関する幕府法の趣旨は、弘長元年（一二六一）の『関東新制條々』にも受け継がれている。「鎌倉中の橋の修理と道の掃除を怠けずにおこなわせるように、保奉行人に命ずる。もし怠けるようなことがあれば、担当の保奉行人を罰する」（『鎌倉幕府追加法』三九六条）、「保奉行人に命じて、病人・孤児・死骸を道端に捨てることを禁止させるように。こっそり放置された病人・孤児は、保奉行人の責任で無常堂（ホスピス）に送り、死骸や牛・馬の骨などは捨てさせるように」（同三九七条）などが、該当する条文である。

これらの法令はいずれも、都市の道路を清浄で整然としたものに保とうとするものであり、幕府が広くて清浄な道路で都市鎌倉を飾り立て、荘厳《しようごん》しようとしていたことがわかる。実は先に見た町屋の地区限定の法令には、道路沿いでさまざまな営業活動をおこなう町屋をできるだけ中心部から排除するという側面もあり、道の整備とセットの法令として出されたのには、それなりの意味があったのである（高橋慎一朗『武士の掟』）。

これまで見てきた事例でわかるように、鎌倉の市政や商業統制に関しては、保奉行人の果たすべき役割は非常に大きい。幕府はその点もよく踏まえており、建長六年（一二五四）十月十日、保奉行人が執行すべき職務について、特に手落ちがないようにせよとの命令が下されている（『吾妻鏡』）。役人の精勤を求める姿勢も、時頼政権の特徴の一つであったと言えるだろう。

第五　出家とその後の政権

一　出家と執権交替

連署の交替

康元《こうげん》元年（一二五六）、三十歳となった時頼に大きな環境の変化が訪れた。まず三月十一日、時頼を支え続けてきた北条重時《しげとき》が、八年あまり在職した連署を辞任して、出家をした。法名は、「観覚」であった（『吾妻鏡』）。三十日、重時に替わって北条政村《まさむら》が連署に任命された（『吾妻鏡』）。政村は泰時《やすとき》・重時らの異母弟で、かつて陰謀事件（義時の死去時に、実母伊賀氏が泰時を排除して政村を執権につけようとしたもの。伊賀氏の乱）にまきこまれかけたが、泰時の温情により処罰を免れていた。このため、以後の政村は得宗《とくそう》家に忠実な政治姿勢をとり、評定衆《ひょうじょうしゅう》・引付頭人《ひきつけとうにん》などをつとめ、寄合のメンバーにも加えられていた（山野井功夫「北条政村及び政村流の研究」）。兄重時の後任として連署になったとき、政村は五十二歳になっており、一門の長老格という立場にあった。時頼としては、おおいに信頼できる人物を起用したと言える。

四月十日、時氏《ときうじ》の母（時頼の祖母）にあたる矢部禅尼が亡くなった。七十歳であった（『吾妻鏡』）。

最明寺建立

七月十七日、将軍宗尊《むねたか》親王が山ノ内の最明寺《さいみょうじ》を参詣した。時頼が出家の準備を内々に進めていたので、この日の将軍参詣となったという（『吾妻鏡』）。つまり、時頼が出家に備えて建立したのが最明寺で、この日からさほど遠くない時期に、時頼の山ノ内の別荘に隣接して建てられたものである（『鎌倉廃寺事典』）。『大覚禅師語録　巻中』に、最明寺の開堂の際の説法が残されているので、蘭渓道隆《らんけいどうりゅう》を供養の導師に招いたことがわかる。

九条頼経の死

八月十一日、時頼の地位をおびやかし続けてきた前々将軍の九条頼経《よりつね》が、京都で痢病（赤痢）によって亡くなった。三十九歳であった（『経俊卿記』、『吾妻鏡』八月十五日条）。中流公家の吉田経俊《つねとし》の日記『経俊卿記』は、「将軍として長年関東に住んだが、上洛の後は人望を失い、ついには早世した。哀しむべし、哀しむべし」と記している。

時輔元服

同じ日、時頼の長男宝寿が元服をしている。足利利氏《あしかがとしうじ》（のちに頼氏）が烏帽子親《えぼしおや》となり、「相模三郎時利《ときとし》」と名乗ることになった（『吾妻鏡』）。このとき、九歳である。のちに「時輔《ときすけ》」と改名する。

九月一日には、当時流行していた赤斑瘡（はしか）に将軍宗尊親王がかかり、十五日には時頼も、さらに十六日には時頼の幼女も同じ病気にかかった。二十四日には、京都で前将軍の九条頼嗣《よりつぐ》が、父を追うかのように亡くなった（『尊卑分脈』、『吾妻鏡』十月二日条。『公卿補任』・『百錬抄』は「二十五日」とする）。『百錬抄《ひゃくれんしょう》』によれば、同じく赤斑瘡によるという。十八歳であった。

北条長時像（浄光明寺所蔵）

執権辞任と出家

いっぽう、宗尊親王は十九日には回復、時頼も二十五日には治癒したが、時頼の娘は祈禱のかいもなく十月十三日に亡くなった（『吾妻鏡』）。続いて十一月三日、時頼は赤痢にかかってしまう。二十二日には小康状態を得るが、この機会をとらえて時頼は、ついに執権の職・武蔵国務・侍所《さむらいどころ》別当・鎌倉小町の邸宅などを北条長時《ながとき》に譲った。本来なら時宗《ときむね》に譲るべきであったが、まだ六歳と幼稚であったので、「眼代《がんだい》」（代理人）としてしばらく譲ったのである（『吾妻鏡』）。そして、翌二十三日の寅刻（午前四時ごろ）、時頼は最明寺で出家をした。ときに、三十歳である。出家の戒師は蘭渓道隆、法名は「覚了房道崇《かくりょうぼうどうすう》」であった（『吾妻鏡』）。この出家は、執権引退と一体のもので、危篤でもない時頼が平穏に執権職を移譲するためには出家することが必要であった。

直前の二度の病気や近親者の死去は、時頼に引退・出家のきっかけを与えたが、それはあくまでもきっかけにすぎなかった。すでに七月以前に出家の準備として最明寺を建立していたことからも、病気以前に時頼が引退・出家を計画していたことは明らかである。この後で述べるように、実際には執権引退後も時頼は幕府の実権を握り続けるので、執権の交替は形式的なものであった。村井章介氏が指摘するように、時頼の真の目的は、幼少の嫡子時宗をいち早く後継者に指名し、時宗への権力移譲を平穏に実現することにあったのである（「執権政治の変質」）。時頼は、朝廷における「院政」と同じ状況を作り出そうとしていたということになる。ただ、引退・出家して政治的な緊張から逃れ、より自由に禅の修行に取り組みたいという気持ちも、多少はあったかもしれない。

新執権長時

新しく執権となった長時は、時頼を長年補佐した重時の二男であったが、兄為時《ためとき》に替わって家督を継いだ人物である（森幸夫『北条重時』）。六波羅探題《ろくはらたんだい》を経て、この年の六月に評定衆となっていた。執権となった時点で、二十七歳であった。『吾妻鏡《あずまかがみ》』からは執権としての長時の顕著な活動をうかがうことは困難であるが、菊池紳一氏によれば、発給文書などから推察して、長時が執権として忠実に事務処理を遂行していたことがわかるという（「北条長時について」）。時頼は、権力欲が少なく、着実に事務処理をおこなうことのできる人物、将来の時宗の権力継承に関して障害とならないような人物を、後継の執権に選んだのであった。

出家姿の北条時頼像（神奈川県立歴史博物館所蔵）

ところで、時頼の「道崇」という法号は、後世に大きな影響を与えた。時頼以前の得宗の法号は、義時《よしとき》が「観海」、泰時が「観阿」、経時《つねとき》が「安楽」であったのに対して、時頼以後は、時宗《ときむね》が「道杲」、貞時《さだとき》が「崇演」、高時《たかとき》が「崇鑑」で、いずれも時頼の法号の一字をとっている。また、細川重男氏は、もともとは義時の号であったとされる「得宗」の語は、実は「徳崇」で、時頼が義時を顕彰するために贈った禅宗系の追号ではないか、と推測している（「右京兆員外大尹」）。

　時頼の出家と同時に、結《ゆう》城《き》朝広《ともひろ》・時光《ときみつ》・朝村《ともむら》、三浦（佐原）光盛《みつもり》・盛時《もりとき》・時連《ときつら》、二《に》階《かい》堂《どう》行泰《ゆきやす》・行綱《ゆきつな》・行忠《ゆきただ》の有力御家人三兄弟が、後を追って出家をした。ただし、幕府の許しを得ない出家であったので、出勤停止の処分を受けている（『吾妻鏡』十一月二十三日条）。彼らは、とりわけ得宗家との縁を大事にする一族で、そのことを世間にアピールしたいと考えていた人々であり、なおかつ自分たちが引退しても後継者のあてがあった者たち、ということになろう。

　ついで十一月三十日、時頼は逆修《ぎゃくしゅ》の法要をおこなって死後の冥福を祈り、出家としての立場をさらに明確にした。

時宗元服

　年がかわって翌正《しょう》嘉《か》元年（一二五七）正月一日、幕府恒例の垸飯《おうばん》の儀式は時頼がとりしきり、その後、将軍宗尊親王は御《ご》行《こう》始《はじめ》として時頼邸に出かけている（『吾妻鏡』）。相変わらず時頼が幕府の最高実力者であることは、誰の目にも明らかであった。二月二十六日には、時頼の二男正寿の元服が、将軍の御所でおこなわれた。将軍宗尊親王が加冠（烏帽子親）の役となり、執権長時が補佐の理髪役をつとめた。将軍が正寿の元服後の名前である「時宗」を、あらかじめ紙に記しておき、これが長時に渡された（『吾妻鏡』）。得宗家の跡取りにふさわしい、盛大な儀式であった。七歳の正寿は、これ以後「太郎時宗」

と名乗ることになる。父時頼は、泰時や時氏と同じ仮名「太郎」を名乗らせることで、時宗が泰時流の正統な後継者であることをアピールしたのである（森幸夫「得宗家嫡の仮名をめぐる小考察」）。

大般若経を伊勢神宮に奉納

四月十五日、時頼は紺紙金字の大般若経一セット六百巻を、願文《がんもん》とともに伊勢神宮に奉納した。『吾妻鏡』には、時頼自身が病をおして清書したという長文の願文が記載されているが、中国の故事を引きつつ国家の安泰を願う難解な文章である。時頼は願文のなかで、自分のおこないを、中国五代十国の呉越王銭弘俶《せんこうしゅく》が仏教を深く信仰したことや、同じく宋代の学者胡安国《こあんこく》の親子が国を憂い古人の教えを尊重したことなどをこえるもの、ととらえているという（岡部長章「北条時頼の納経願文に引用されたる中国の二故事について」）。そして、市川浩史氏によれば、願文全体としては、関東においてみずからの権力を確立した時頼が、日本全体を視野に入れつつ、国土安穏の願いが国家の宗廟たる伊勢の神に受け入れられることを祈ったものという（「北条時頼の祈禱」）。

「国を守り、民を富ませる」ことを神に願って伊勢神宮に納経した時頼であったが、

大地震

八月二十三日、鎌倉で大地震が発生してしまう。『吾妻鏡』によれば、「戌刻（午後八時ごろ）大地震があった。音がして、神社仏閣は一つ残らず被害を受けた。山はことごとく崩れ、人家は倒れ、築地は皆こわれた。ところどころで地が裂け、水が涌き出した。中

下馬橋の辺りでは地が裂けて中から火炎が吹き出した。色は青という」というありさまであった。

二十五日も余震が五、六回あり、幕府は護持僧や陰陽師に祈禱を命じている（『吾妻鏡』）。『吾妻鏡』による限り、大地震後の幕府の対応は、祈禱のみであった。九月四日にいたっても余震がやまないため、幕府はまた陰陽道の祭祀を命じている（『吾妻鏡』）。なお、この正嘉の大地震は、当時鎌倉にいた日蓮《にちれん》に大きな衝撃を与え、『立正安国論《りっしょうあんこくろん》』を執筆するきっかけとなっている。

大慈寺修理の検分

そうしたなか、八月二十五日、前年十二月十一日に焼失した源頼朝《みなもとのよりとも》建立の勝長寿院《しょうちょうじゅいん》の再建工事の分担が決まり、本堂を時頼が担当することになった。九月三十日晩には、翌日に修理完成供養がおこなわれる予定の、実朝《さねとも》建立の大慈寺《だいじじ》を、時頼が視察した。時頼が、担当役人の二階堂行久《ゆきひさ》らがならぶ前で、「建物の修理は問題ないが、寺の前の川の護岸に杉を使ったのは残念だ」と漏らしたので、行久は急きょ川の流れをせき止めて、護岸工事をし直したのである。檜の材木を取り寄せ、百人あまりの職人を招集し、松明を灯して夜を徹して杉の護岸を檜に取り換えたのであった（『吾妻鏡』）。

大慈寺供養

翌十月一日の大慈寺供養は無事に遂行され、十一月二十八日に時頼は、武蔵国入間郡横沼郷を大慈寺内の釈迦堂に寄進している（『相承院文書』同日付沙弥道崇寄進状、『鎌倉遺文』八一六七号)。

十一月二十三日には、時頼邸において金沢《かねさわ》実時《さねとき》の子越後四郎時方《ときかた》(のちの顕時)が十歳で元服した。加冠役はまだ七歳の時宗で、理髪役は安達《あだち》頼景《よりかげ》であった(『吾妻鏡』)。実際にとりしきったのは、もちろん時頼であろう。川添昭二氏は、この元服について、得宗と金沢氏・安達氏の結束を固める儀式であったが、時宗を表に立てる時頼の配慮がうかがわれると指摘している(『北条時宗』)。

翌正嘉二年(一二五八)、『吾妻鏡』等に記されるところでは仏事が中心であるが、引き続き時頼の精力的な活動は続く。まず二月十三日、兄経時の十三回忌にあたり、五種類の供養を最明寺で始めた。十九日に結願し、普賢菩薩像と法華経二部を供養し、そのうちの一巻を時頼本人が書写した。次に三月二十日、時頼祖母(矢部禅尼)の三回忌にあたり、建長寺において蘭渓道隆を導師として一切経供養をおこなった。続いて二十三日には、経時十三回忌仏事を、佐々目谷の墳墓でおこなった(以上、『吾妻鏡』)。

時輔の結婚

四月二十五日には、時利(時輔)が十一歳で結婚した。相手は、北関東の有力御家人小山《おやま》長村《ながむら》の娘である。以前に日光山別当の交替で北関東武士団を牽制する人事をおこなった時頼であったが、今度は婚姻関係を通じて協調しようとしたもので、政治的なバランスを配慮したものと見られる。

宗政元服

翌正元《しょうげん》元年（一二五九）には、福寿が兄時宗と同じく七歳で元服して四郎宗政《むねまさ》と名乗るようになったと見られる（森幸夫「得宗家嫡の仮名をめぐる小考察」）。十一月二十六日には、後深草天皇に替り亀山天皇が即位した。

院御所の落書

文応《ぶんおう》元年（正元二年・一二六〇）正月十七日、院の御所に何者かが落書《らくしょ》を掲示した。「正元二年院落書」と呼ばれるもので（『続群書類従』所収）、「×××アリ」という句を列挙して、あってはならない異常なことが現実にはある、という意味を持たせている。政界・仏教界のできごとを中心に、世のできごとを痛烈に批判しており、内容から見て延暦寺に親近感を持ち幕府に反感を抱く人物の作と見られる。

「将軍親王アリ」とは、時頼が推進して実現した宗尊親王の将軍就任を批判するものである。また、「武家過差アリ」と、時頼が倹約を奨励したのにもかかわらず、武士のぜいたくが目に余るありさまを表現している。

網野善彦氏は、「園城寺ニ戒壇アリ」「山訴訟ニ道理アリ」の句も、時頼の政治に対する直接的批判であることを指摘する（『蒙古襲来』）。この少し前より、比叡山延暦寺と園《おん》城《じょうじ》寺は、園城寺が独自に戒壇を設置しようとする動きをめぐって対立していたのである。

園城寺戒壇設置をめぐる抗争

正嘉元年（一二五七）三月二十七日、園城寺の衆徒が戒壇設置許可を朝廷に求めて、強訴を起こした（『経俊卿記』）。これをきっかけに、延暦寺・園城寺の対立が激化し、十月十三日にはこの事件の収拾をはかるために幕府の使者として長井《ながい》時秀《ときひで》・大曾禰《おおそね》長泰《ながやす》が京都へ派遣されている（『吾妻鏡』）。なお、このときに「内々の使者」として三浦《みうら》（佐原）頼連《よりつら》が同行しているが、得宗時頼の意向を受けて上洛したと思われる。

しかし翌正嘉二年（一二五八）も対立は続き、正元元年（一二五九）九月十四日には園城寺出身で鶴岡八幡宮別当の隆弁《りゅうべん》が、戒壇の勅許のことで上洛している（『吾妻鏡』文応元年三月一日条）。隆弁は、幕府の強力なバックアップを受けて園城寺のために朝廷に働きかけたと見られ、文応元年（一二六〇）正月四日にいったん園城寺の戒壇が勅許となったが、延暦寺の猛烈な抗議行動により二十日には取り消されている（『吾妻鏡』正月二十六日条）。先の落書は勅許直後に書かれたもので、時頼・隆弁によって実現した園城寺の戒壇を、「あってはならないもの」として批判しているのである。

近衛宰子と宗尊の結婚

文応元年二月五日、摂関家の近衛《このえ》兼経《かねつね》の娘宰子《さいし》が鎌倉に到着し、時頼の猶子となるために山ノ内邸に入った。宰子は、三月二十一日に宗尊親王のもとに嫁入りした。宗尊は十九歳、宰子は一つ年上の二十歳であった。山本みなみ氏は、時頼が摂関家の娘をいったん猶子にしてから将軍に嫁がせたことで、得宗家が摂関家とならぶ家格を誇ることが示されるとともに、得宗家と将軍家が血縁的に一体化する道が開けたとし、この結婚が得宗家への権力集中に結びつくことを指摘している（「近衛宰子論」）。

近衛宰子の鎌倉到着と同じ二月五日、時頼は高野山《こうやさん》御影堂《みえいどう》に三人の供僧《ぐそう》をおいて長日供養法を始めさせ、その費用を寄進した（『高野山文書』空恵書状、『鎌倉遺文』八四七二号）。禅宗の修行のかたわら、時頼は真言密教も信仰し、保護を与えていたのである。

二月、時宗が小《こ》侍《さむらい》所《どころ》の担当に任命された（『鎌倉年代記』）。小侍所は、将軍の御所警備や外出の際の御供などを差配する部署である。小侍所における時宗の立場を明記した史料はないが、別当の北条（金沢）実時と並んで政務を執行しているので、別当補佐あるいは副別当のような立場と見られる。時宗は十歳、実時は三十七歳であったから、川添昭二氏が述べるように、父時頼の意向により時宗が政務見習いのために小侍所に入ったことは明らかである（『北条時宗』）。

子息の序列を決定

弘長《こうちょう》元年（一二六一）正月四日、時頼は、将軍の鶴岡八幡宮参詣の御供に関して、子息の序列を定めた。それによると、時宗・宗政・時輔・宗頼の順であった（『吾妻鏡』）。年齢順では一番上の時輔を、正妻の子時宗・宗政の下に位置づけ、後継者争いが起きないように時宗の優位を強調したのである。

関東新制條々の発布

二月三十日には、『関東新制條々』と題する六十一ヵ条にもおよぶ幕府の新制が出された（『吾妻鏡』二月二十九日条。『鎌倉幕府追加法』三三七〜三九七条）。弘長元年の干支が辛酉にあたっており、辛酉の年には天命による大変動が起こるとされていたことから（「辛酉革命」と呼ばれる思想）、それを避けるための徳政の一環として新制が出されたのである（稲葉伸道「新制の研究」）。

新制の内容は、佐々木文昭氏によれば、神事関係、仏事関係、訴訟関係、過差禁止関係、御家人関係、膝下法（相模国・鎌倉関係）に分類できるという（「『関東新制』小考」）。なかでも訴訟関係で、「裁判の公正を期すために、泰時のときの例にならって評定衆・引付衆・奉行人に起請文《きしょうもん》を書かせること」という条文（『鎌倉幕府追加法』三五〇条）があることが注目される。村井章介氏によれば、泰時のときの例とは『御成敗式目《ごせいばいしきもく》』制定に際して評定衆に起請文に連署させたことを指し、新制発布にあたっての幕府のなみなみならぬ決意を示すもの、という（「執権政治の変質」）。新制の施行日とされた三月二十日、評定衆が集められて、起請文に署名を求められたが、これに加わらなかった二階堂行久は評定衆から除名されている。引付衆も、別紙の起請文に連署している（『吾妻鏡』）。

また、七海雅人氏によれば、新制のなかには、さまざまな御家人役について、在地への転嫁を禁止するか否かの区別をする規定（『鎌倉幕府追加法』三四〇〜三四三、三六一、三六二、三六九、三七〇、三八五条）が見られ、これ以後の御家人役負担のあり方を規定することになったという（「鎌倉幕府御家人制の展開過程」）。本来は御家人本人が負担すべき御家人役を在地（所領内の百姓）に転嫁するということは、京都大番役などでよく見られることで、御家人は大番役という身分固有の負担をつとめる機会を利用して、村落全体への均一的支配を実現しようとする方向性を持っていた（高橋慎一朗「京都大番役と御家人の村落支配」）。こうした御家人の動きを統制することは、在地の百姓たちに対する撫民《ぶみん》にもつながるのである（佐々木文昭「『関東新制』小考」）。

新制の制定は時頼の主導

『関東新制條々』は執権長時・連署政村の名で出されているが、当時依然として時頼が実権を握っていたことや、裁判の公正化・倹約・撫民など時頼政権の基本政策が取り入れられていることから、やはり時頼の意向で制定されたものと推定される（水戸部正男『公家新制の研究』）。

時宗の結婚

四月二十三日、時宗が安達義景の娘（堀内殿）と結婚した。時宗は十一歳、堀内殿は十歳であった（『吾妻鏡』）。堀内殿は義景の娘であったが、生まれてまもなく父が亡くなったため、兄の泰盛の養子となって育てられたため、泰盛の娘とする系図もある（川添昭二『北条時宗』）。これまで何度も触れたように、時頼の母は義景の妹であり、安達氏は一貫して時頼支持勢力の中核であった。したがって、今また安達氏から時宗の妻を迎えたことは、きわめて政略的な意味合いが強い。

時宗を賞賛

翌二十四日、将軍夫妻が北条重時の極楽寺別荘にでかけ、二十五日には将軍以下、御家人たちの見守るなかで、小笠懸《こかさがけ》が催された。ところが、近年この武芸を修練する者が少なく、見事に矢を的中させる者がなかった。これを見た時頼が、「小笠懸は息子の時宗が得意としている。呼び出して、射させよう」と言い、小町の屋敷に使いを出して呼びよせた。時宗は、ものの見事に小さな的を射ぬき、人々は感嘆の声をあげ、将軍は感心することしきりであった。時頼は、「時宗こそわが家を継ぐべき器の者だ」と述べた（『吾妻鏡』）。

絵に描いたような時頼の「親バカ」振りであるが、将軍・御家人たちの前で、時宗こそが得宗家の正当な継承者であることを印象づけたかったのであろう。先に、行列における序列で時宗を子息のなかの最上位に位置づけたことに通じるものがある。正当な後継者として予定されていなかった者が執権の座につくことが、どんなに危ういものであるか、時頼は自分の体験によっていやというほど思い知らされていたのである。

三浦泰村弟の逮捕

六月二十二日、十四年前の宝治合戦の根深さを思い知らされる事件が起こった。鎌倉亀谷の石切谷の付近で、三浦泰村《やすむら》の弟良賢《りようけん》が逮捕されたのである。宝治合戦の直後、京都にいた良賢は六波羅探題に出頭したが、僧侶ということもあってか赦免されていたものらしい。家村《いえむら》（泰村弟）の子や野本尼《のもとのあま》（泰村娘）とともに謀叛を企てていたところを、得宗被官の諏訪《すわ》盛重《もりしげ》（蓮仏）らに逮捕されたのである。この事件で鎌倉中は騒動となり、

極楽寺の山門

夜になって近国の御家人が鎌倉に駆けつけたりもした（『吾妻鏡』同日条）。ただし、幕府から六波羅に送られた御《み》教書《ぎようしよ》によれば、「これといった同調者はいなかったので、京都や西国の御家人は鎌倉へ駆けつける必要はない」ということであり（『吾妻鏡』同二十五日条）、事件は拡大することなくそのまま収束した。ちなみに、良賢が捕らえられた石切谷とは、寿福寺《じゆふくじ》の南側の場所で、鎌倉時代初めから室町時代まで、三浦一族の拠点があったと考えられる場所であった（高橋慎一朗「中世の都市と三浦一族」）。

重時の死

十一月三日、時頼に大きな影響を与えた北条重時が、極楽寺の別荘で亡くなった。六十四歳であった（『吾妻鏡』）。

二　得宗専制への傾斜

執権政治の完成

この節では、時頼出家後の幕府の政治体制を概観してみたい。鎌倉幕府の政治体制については、将軍独裁・執権政治・得宗専制という三段階に区分できるとする佐藤進一氏の説が、有力な説となっている（「鎌倉幕府政治の専制化について」）。ただ、それぞれの段階を構成する具体的な時期については、諸説がある。細川重男氏によれば、時頼は、執権・連署制の復活、引付の創設によって、法治と合議に基づく執権政治体制を完成させたと評価できるという（『鎌倉幕府の滅亡』）。また、奥富敬之氏によれば、評定衆の総数のなかに占める北条氏の割合は、宝治の乱翌年の宝治二年（一二四八）を一つの画期として増加の傾向が見られるという（『鎌倉北條氏の基礎的研究』）。連署の復活とあわせてみれば、時頼の時期には合議政治のなかにおける北条一門の比重が増した時代ということもできる。

そのいっぽうで、時頼の政権期には得宗への権力集中という動きも見られる。寄合という得宗を中心とする私的な会議が出現したこともその徴候の一つではあるが、時頼期の寄合は、親族と側近被官のみから構成される得宗家の私的会議にとどまっていた（細川重男『鎌倉政権得宗専制論』）。それよりも明白な証拠としては、村井章介氏が指摘するように、皇族将軍の下向の申請が、評定による合議を省略して時頼と重時の独断専決で進められたこと（『吾妻鏡』建長四年二月二十日条）があげられる（『北条時宗と蒙古襲来』）。

得宗体制と執権職の形骸化

同じく村井章介氏によれば、康元元年（一二五六）に連署重時・執権時頼があいついで辞職したものの、その後も正月の垸飯沙汰人は首位時頼・二位重時で、幕府内の実力者の地位はもはや執権・連署という職名に依存しない体制となったという（『北条時宗と蒙古襲来』）。『保暦間記《ほうりゃくかんき》』にも、「康元元年に時頼は執権を政村・長時に譲って出家したが、出家の後もすべての政務をとりしきった」と記されている。そのほか、文応元年（一二六〇）に将軍御所の昼番衆を設置した際に、時頼が直々に人選をおこなったこと（『吾妻鏡』同年正月二十日条）や、弘長元年（一二六一）に将軍の鶴岡八幡宮参詣の御供のリストについて、時頼が自分の息子たちの序列を書き直させていること（『吾妻鏡』同年正月四日条）などからも、時頼は出家後も執権の職とは無関係に幕政の上に君臨する存在であったと言え、「得宗専制」と呼ばれる状況があらわれていることがわかる。

御家人保護と得宗専制の並立

こうした得宗専制への傾斜は、先に見た時頼政権の御家人保護政策と矛盾するようにも見える。この点について佐藤進一氏は、専制の進展にともなって発生する下からの抵抗を押さえるための懐柔策として御家人保護立法が与えられると解釈する（「鎌倉幕府政治の専制化について」）。いっぽう、古澤直人氏は、御家人保護政策と北条氏による要職の独占によって御家人を北条被官化し、得宗を頂点として幕府をタテに編成替えしたのが得宗専制の本質であったとする（「鎌倉幕府と中世国家」）。

しかし、いずれにせよ幕府の根幹を支える御家人をしっかりと幕府に結びつけようとする意図があったことは確かであり、時頼が御家人たちを「良き支配者」として社会のなかに位置づけるために、強力なリーダーシップを発揮したことが、御家人保護と得宗専制の両面となってあらわれていたのである。まさに、時頼政権期には、執権政治体制が完成するいっぽうで、時宗期に完成する得宗専制への道が開かれたのである（細川重男『鎌倉幕府の滅亡』）。

第六　仏教諸派との関係

一　護持僧隆弁と園城寺

宗教が現代よりもはるかに大きな意味を持っていた中世のなかにおいても、時頼の仏教に対する帰依の深さは桁外れであったと指摘されている（佐々木馨『執権時頼と廻国伝説』）。くわえて、時頼の信仰は、仏教・神道にわたって内容がきわめて幅広かったことも特色である（川添昭二「日蓮遺文に見える北条氏」）。以下では、時頼が関わった主要な仏教諸派について見ていくことにしたい。

隆弁が護持僧となったきっかけ

寛元《かんげん》の政変後の寛元四年（一二四六）秋、隆弁《りゅうべん》が時頼のためにその政治体制の安定を願う修法をとりおこなったことは先に触れた。隆弁が時頼の護持僧として活躍することは、このときより始まるという（速水侑「鎌倉政権と台密修法」）。もともと隆弁は中級公家の四条隆房《たかふさ》の子で、園城寺《おんじょうじ》（三井寺）の僧であり、文暦《ぶんりゃく》元年（一二三四）三月に鎌倉へ下って将軍九条頼経《よりつね》の護持僧となり、やがて時頼の護持僧となって信頼を獲得したのである。宝治《ほうじ》合戦の祈禱の功によって鶴岡八幡宮別当に任命され、のちには園城寺の最高責任者である長吏《ちょうり》もつとめた人物で、歌人としても知られている（湯山学「隆弁とその門流」、中川博夫「大僧正隆弁」）。時頼は、密教修法に関しては隆弁に絶大なる信頼を寄せており、さまざまな祈禱をさせている。

大般若経と薬師信仰

また、時頼は大般若経の読経を何かあるごとにおこない、薬師如来に対する帰依も尋常ではなかったが、そのいずれについても隆弁が支えていたのである（佐々木馨『執権時頼と廻国伝説』）。宝治元年（一二四七）七月十六日、幕府は武蔵国矢古宇《やこう》郷の鶴岡八幡宮別当得分の一部を、八幡宮の不断大般若経転読のための費用に宛てることとし（『吾妻鏡』）、この日の夜から別当隆弁の開白《かいびゃく》により不断の大般若経転読が始められた（『鶴岡社務記録』）。これも時頼の主導によるものと見られるが、背景には隆弁のすすめがあったと思われる。

こうした両者の関係は、禅宗への帰依が深まった後も基本的には変わらず、正嘉《しょうか》元年（一二五七）閏三月十八日には、時頼は金泥大般若経を鶴岡八幡宮に奉納し、別当隆弁が導師となって供養をおこなっている（『鶴岡社務記録』。『鶴岡八幡宮寺社務職次第』は三月十八日とする）。

大仁王会の開始

また、松尾剛次氏によれば、隆弁の鶴岡八幡宮別当在任中には、八幡宮で大仁王会《だいにんのうえ》が毎年一度おこなわれるようになった。大仁王会は、天皇のみが主催していた鎮護国家の法会《ほうえ》で、承久《じょうきゅう》の乱を契機に、幕府によって鶴岡八幡宮でもおこなわれるようになったという（『中世都市鎌倉の風景』）。『鶴岡八幡宮寺社務職次第』の「隆弁」の項には、時頼の御願《ごがん》で毎年おこなわれるようになったとある。いっぽう、時頼の執権就任後最初の大仁王会にあたる建長《けんちょう》四年（一二五二）九月二十五日の大仁王会について、『吾妻鏡《あずまかがみ》』では将軍宗尊《むねたか》親王の御願によるとしている。おそらくは、皇族将軍をいただくことになった幕府の体裁を整えるために、時頼が大仁王会の毎年開催を発案して宗尊親王に進言し、表面上は将軍の御願ということにしたのであろう。背景には、時頼と隆弁の密接な連携があったに違いない。

園城寺の保護

もともと園城寺と幕府は親密な関係にあったのであるが、時頼と隆弁の代にはいっそうそれが強まった。先にも触れた正嘉元年（一二五七）に始まる園城寺の戒壇に関する事件で、隆弁が奔走したのも、幕府の支援があってのことであった。また、当時の後嵯峨院政を支える重要人物であった仁助《にんじょ》法親王（後嵯峨上皇の同母弟）は園城寺の僧であり、隆弁ともつながりがあったと推測される（佐伯智広「中世前期の王家と法親王」）。よって、政治的な側面からも、時頼は隆弁を重用したと考えられる。

このほか天台寺門（園城寺）の僧としては、幸尊《こうそん》という僧が弘長《こうちょう》二年（一二六二）に、時頼の招請により摩訶止観《まかしかん》の講義をおこなっている。時頼は幸尊と何度か問答を繰り返した後、内容を了解したという（『三井続燈記』第一）。いかなる場合も、熱心に話に耳を傾ける時頼の性格が出ていると言えよう。

二　蘭渓道隆と建長寺

蘭渓の来日

日本禅宗史上、さらには日本文化史上でも大きな画期になり、また時頼の生涯にも大きな影響を与えることになったのが中国の禅僧蘭渓道隆《らんけいどうりゅう》の来日である。

蘭渓道隆は、時頼が執権に就任した寛元四年（一二四六）に、中国（南宋）から日本へやってきた（『建長興国禅師碑文』、『建長寺和漢年代記』、『武家年代記　裏書』）。南宋の嘉定《かてい》六年（一二一三）の生まれであるから、来日当時は三四歳であった。蘭渓は西蜀（四川省）の培江《ふこう》というところに生まれ、十三歳のときに成都の大慈寺で出家し、無準師範《ぶしゅんしばん》・癡絶道冲《ちぜつどうちゅう》・北磵居簡《ほっかんきょかん》のもとでそれぞれ禅を学んだ後、臨済宗松源派の無明慧性《むみょうえしょう》から禅の奥義を授けられた。

蘭渓は、かねてから日本ではまだ禅が普及していないことを聞いて布教の意志を持っていたが、ついに寛元四年に商船に乗って弟子とともに来日したという（『元亨釈書』、『蘭渓和尚行実』）。

蘭渓道隆像（建長寺所蔵）

来日した蘭渓は、博多の円覚寺にしばらく滞在した。円覚寺には、開山を蘭渓、開基を時頼とする伝承があるが、川添昭二氏によれば、『聖一国師《しょういちこくし》年譜』に天福《てんぷく》元年（一二三三）に円爾弁円《えんにべんねん》が入宋に備えて円覚寺に逗留した記事があり、蘭渓来日以前にすでに円覚寺は存在し、禅寺であったとも考えられるという（「博多円覚寺の開創・展開」）。ただし、蘭渓の滞在中に本格的な禅院となったので、これを開山と称した可能性はあるだろう。しかし、このときには蘭渓と時頼はまだ面識がなかったはずであり、時頼開基を裏づける史料も見当たらない。したがって、のちの蘭渓と時頼の密接な関係から、時頼開基との伝承が加わったものであろう。

京都泉涌寺から鎌倉へ

その後、蘭渓は博多から京都の泉涌寺《せんにゅうじ》来迎院《らいごういん》へ移った（『元亨釈書』、『蘭渓和尚行実』）。来迎院主の月翁《げっとう》智鏡《ちきょう》が、宋に渡っていたときより蘭渓と旧知であった縁による、という（『本朝高僧伝』）。蘭渓は、月翁の勧めでさらに鎌倉へ行き、寿福寺に入った（『元亨釈書』、

『建長寺和漢年代記』)。京都・鎌倉へ移動した正確な時期は不明であるが、川添昭二氏は京都へ移ったのが宝治元年(一二四七)、鎌倉へ入ったのが翌年、と見ている(「博多円覚寺の開創・展開」)。

蘭渓を常楽寺住持に招請

宝治二年(一二四八)十二月、蘭渓道隆の寿福寺滞在を聞いた時頼は、蘭渓を粟船(大船)の常楽寺の住持に迎えた(『大覚禅師語録　巻上』、『元亨釈書』)。常楽寺は、もとは北条泰時《やすとき》が妻の母の菩提のために退耕行勇《たいこうぎょうゆう》を開山に招いて建てた寺で(『吾妻鏡』嘉禎三年十二月十三日条)、密教と浄土を兼ねた寺院であったと見られる(『鎌倉市史　社寺編』)。宝治二年三月二十一日付けの常楽寺鐘銘(『大日本史料　第五編』所収)によれば、この寺は泰時の墳墓のある寺でもあり、「坐禅の空観を催すに足る」とあって、蘭渓が入るときにはすでに禅院としての性格も備えていたことがわかる。

時頼の禅の修学

時頼は、公務の合間をみては常楽寺の蘭渓を訪ね、禅の教えを聞いたという(『元亨釈書』)。時頼は前年に道元《どうげん》と面会して禅の教えを受けており、禅に興味を持った時頼が、禅の本場である宋から渡ってきた蘭渓に本格的な禅の教えを学ぼうとし、厚く保護したのである(川添昭二「鎌倉仏教と中国仏教」)。時頼は持ち前の生真面目さと熱心さをもって、政務に精力を傾けるいっぽうで、蘭渓からは全力で禅の教えを吸収しようとしたらしく、蘭渓も時頼の立場を理解して高く評価している。このことは、蘭渓の常楽寺時代、建長元年（一二四九）四月八日のものと推定されている法語（舘隆志「『大覚禅師語録』の上堂年時考」）に明らかである（『大覚禅師語録　巻上』）。そのなかで蘭渓は、「大檀那（時頼）は、自己のすべてを傾けて道徳を実行し、忠心から国政をおこなっている。本来菩薩の身でありながら人間界にあらわれ、身分の高いものとして大権を掌握している。世を救おうとする思いは海のように深く、民を養おうとする心は山のように固い。仏教を厚く敬い、皇室を永く保とうとする」と述べ、ベタぼめである。

蘭渓の時頼に対する教えの基本は、「仏法は、実生活を離れたところにあるのではない」というものであり（川添昭二「鎌倉仏教と中国仏教」）、政務に多忙な者にも受け入れやすく、また右に見たように蘭渓には「ほめ上手」なところもあった。したがって、時頼は、蘭渓との出会いによって、より禅に積極的に取り組もうとする気持ちをかきたてられたと思われる。

建長寺建立に着手

建長元年（一二四九）、時頼は本格的な禅宗寺院である建長寺の建立に着手し、蘭渓を開山と定めた。建立の始めにあたって、東福寺開山である円爾弁円は、門下の僧十名を派遣して禅宗式の儀式をおこなわせている（『聖一国師年譜』）。高木宗監氏は、これを地鎮祭と見ている（『建長寺史　開山大覚禅師伝』）。正確な期日は不明であるが、蘭渓の説法が年代順に配列されている『大覚禅師語録　巻上』によれば、少なくともこの年の五月一日には常楽寺で説法をしていることが知られるので、建長寺に入る（簡単な仮堂のようなものしかなかったであろうが）のは夏以降ということになる。

蘭渓と円爾の交流

ところで、円爾は以前に中国にわたって径山万寿寺《きんざんまんじゅじ》の無準師範のもとで学んだことがあり、仁治《にんじ》二年（一二四一）に帰国していた。実は円爾が無準のもとにいたころ、蘭渓もまた無準のもとに参じていた。ただ、建長元年ごろと推測される円爾から蘭渓に宛てた手紙（年未詳十月二日円爾尺牘、『禅林墨蹟　拾遺』所収）によると、径山ではお互い見知ってはいたものの、とりわけ親しくはなかったようである。しかし、建長寺建立開始のころより、両者はたびたび手紙を交わし、交流を深めるようになったのである（今枝愛真「円爾と蘭渓道隆の交渉」、小松寿治「建長寺開創にかかわる蘭渓の円爾宛尺牘について」）。

ちなみに、右の手紙のなかで円爾は、「建長寺の檀那である時頼殿は、禅宗を深く信じ熱心に修行しているということで、釈迦の教えも地に墜ちていないようです。私も朝晩、時頼殿の長寿を祈願しています」と述べており、蘭渓の眼にも時頼が禅に深く帰依していると映っていたことがわかる。

建長寺の立地

建長寺の場所は、鎌倉と武蔵方面との出入口である小袋坂（巨福呂坂）に位置する境界の地で、もともとは罪人の首を斬る刑場であり、地蔵菩薩が安置されていた（『建長興国禅寺碑文』、『建長寺史　編年史料編』所収）。そして、江戸時代の地誌『新編鎌倉志　巻之三』

心平寺の地蔵菩薩（建長寺所蔵）

によれば、この場所は「地獄谷」と呼ばれていたという。延宝《えんぽう》六年（一六七八）作成の『建長寺境内図』にも、「地獄谷埋残」という注記が書き込まれており、「地獄谷」という名称の名残が、江戸時代まで続いていたことがわかる。

　また、同じく江戸時代の地誌『新編相模国風土記稿　巻之七十八』によれば、刑場であったころに、佉羅陀山心《からださんしん》平寺《へいじ》という寺院があり、やがて廃れて地蔵堂だけになっていたのを、時頼が建長寺を創建するにあたり建長寺南外門の脇に移転させたという。この地蔵堂は、『新編相模国風土記稿』の建長寺図にも描かれており、明治十九年に新道が通されるまでは存在したというが今はない（『鎌倉市史　社寺編』）。『鎌倉大日記』建長元年条に、「小袋坂地蔵堂建立」とあるのが、この地蔵堂のことであると、『新編鎌倉志』・『新編相模国風土記稿』は推測している。

済田地蔵の伝承

『新編鎌倉志』には、次のような伝承も載せられている。時頼の時代に、済田《さいた》というものが重罪によって斬首されそうになった。ところが、二度まで斬りつけても、首は斬れずに、刀が折れてしまった。わけを済田に尋ねると、日ごろから信仰する地蔵菩薩の小像を髪のなかに隠しているという。見てみると、小像の背中に刀傷があり、済田の身代わりになったことがわかった。人々は驚嘆して済田の罪を許し、済田はこの地蔵を心平寺の地蔵の腹中に収めた。のちにこの小像は、建長寺創建の際に仏殿の地蔵菩薩の頭内に移されたという。俗に「済田地蔵」と呼ばれている伝承である。

以上見てきたように、建長寺の建てられた場所は、もともと地獄谷と呼ばれる刑場であったことから、地蔵菩薩と関係の深い場所となっていたのである。このため、建長寺が禅宗の興隆に大きな役割を果たしたこともあって、のちに創建者の時頼と地蔵菩薩を結びつける伝承が生まれた。たとえば、鎌倉末期に幕府奉行人の中原政連《まさつら》が得宗北条貞《さだ》時《とき》に提出したという『平政連諫草《たいらのまさつらいさめぐさ》』では、「時頼は地蔵菩薩の生まれ変わり」としている。室町時代成立の歴史書『神明鏡《しんめいかがみ》』でも、「時頼は、蘭渓道隆の夢では聖徳太子の再来としてあらわれた。また、地蔵の化身ともいう」とされている。頭髪を剃り錫杖を持つ地蔵菩薩の姿は、杖を持ち諸国を旅する修行僧を連想させ、後に触れる時頼の廻国伝説とも重なっていったと思われる。

なお、建長寺の建立開始については、この後に見るように建長三年とする史料もあるが、先の『聖一国師年譜』や蘭渓自身の語録の言葉などから、建長元年と見るのが合理的である（太田博太郎「五山の建築」、舘隆志「『大覚禅師語録』の上堂年時考」）。のちの編纂物であるが、『皇代記』という年表風の歴史書でも、「建長元年、平時頼が建長寺を創建する」としている。

建長三年（一二五一）十一月八日、建長寺の「事始め」がおこなわれた（『吾妻鏡』建長五年十一月二十五日条）。伽藍の本格的な工事が正式に始められたということであろう。『建長興国禅寺碑文』でも、「十一月八日を『開基・草創の始め』として、『大伽藍』を作り、中国径山に模して五山の首席におき、地名（小袋郷、巨福礼郷）をとって山号（巨福山）とし、元号（建長）にちなんで寺号とした」としている。

落慶法要

建長五年（一二五三）十一月二十五日、建長寺の主要な堂が完成し、小雨のなか、落慶供養がおこなわれ、蘭渓が導師をつとめた。仏殿には丈六の地蔵菩薩像が本尊としてまつられ、周囲には千体の地蔵菩薩像が安置された。供養願文は大内記藤原茂範《しげのり》が草案を作成し、時頼が清書した（『吾妻鏡』）。

仏殿の虹《こう》梁《りよう》には、建長寺創建の趣旨を述べた時頼と蘭渓の銘が記された（『和漢禅刹次第』）。時頼は、「今上皇帝」（後深草天皇）が長寿を保ち、国家が一つとなって栄えることを願い、蘭渓は将軍宗尊親王のもとで、平和が実現し、五穀豊穣して万民が幸福になり、

建長寺三門（山門）

仏法が繁栄することを願っている。市川浩史氏が指摘するように、建長寺は、国土全体を視野に入れて天皇と将軍のための祈禱をつかさどる、幕府の宗教施設だったのである（「蘭渓道隆」）。建長寺の正式名称である「建長興国禅寺」は、まさにそうした趣旨にふさわしいものと言えよう。

『吾妻鏡』によると、落慶供養に際して、一日のうちに書写した五部大乗経も供養されており、その趣旨は、皇帝・将軍家・幕府重臣の安泰と天下泰平を願い、源氏三代将軍と北条政子および北条氏一族の冥福を祈るものであった。このことを『吾妻鏡』がわざわざ記したのは、建長寺の完成を通じて、北条氏という私的存在が、皇帝・天下のような公的な存在と一体化したことを強調するためと思われる（市川浩史「北条時頼の祈禱」）。

建長寺創建の意義

時頼による建長寺創建は、当時から日本における禅宗興隆の一大画期と位置づけられている。時頼と同時代に生きた無住道暁《むじゅうどうぎょう》の説話集『雑談《ぞうたん》集』巻三には、「時頼が建長寺を建立したことで、中国の僧も多数やってきて寺院はまるで中国のようになった。禅宗が盛んとなったのは、すべて時頼のおかげである。だから時頼は、栄西《えいさい》の生まれかわりだとも言われている」と記されている。

同じ無住の説話集『沙石《しゃせき》集』巻第十末にも、「栄西が『興禅護国論』という書に『自分の没後五十年に禅宗を興す』と予言してあったが、その後蘭渓道隆が時頼を檀那として建長寺を建て、はじめて宋の禅宗寺院の規則を導入したのが、ちょうど栄西没後五十年にあたる。よって、時頼を栄西の生まれかわりのように言うのである」とある。実際には、建長寺完成の建長五年（一二五三）は、栄西の没した建保《けんぽう》三年（一二一五）から三十九年であるが、時頼と蘭渓道隆の出会いによる建長寺の創建が、禅宗が盛んとなる契機となったことが強調されているのである。

中国禅院の作法を導入

蘭渓は、建長寺に中国（宋）の禅院の方式をそのまま導入し、法語や規則を与えて厳格な禅風を起こした（川添昭二「鎌倉仏教と中国仏教」）。『雑談集』巻第八にも、「蘭渓は中国の僧で、建長寺で宋の作法をおこなったため、天下に禅院の作法がひろまった」とある。

建長寺には、蘭渓が残した『大覚禅師法語規則』が伝わっており、「午前三時以降は洗面をしてはいけない」などの細かな生活の規則が定められている。

ただし、建長寺の建立によって時頼（幕府）が、従来依存してきた天台・真言などの仏教と決別したわけではなく、禅と天台・真言が別の存在意義を持って、役割分担をしながら存続したのである（市川浩史「北条時頼の祈禱」）。

梵鐘完成

建長七年（一二五五）二月二十一日には、建長寺の梵鐘が完成し、供養された。時頼が千人に勧進して資金を集め、当時関東で活躍した鋳物師《いもじ》の物部重光《もののべしげみつ》が制作し、蘭渓道隆が銘文を書いた（『建長寺鐘銘』）。現在も建長寺に残る大梵鐘が、これである。

正嘉元年（一二五七）八月二十三日、鎌倉は大地震に襲われた。菅原昭英氏によれば、その翌日に、蘭渓は地震にちなむ説法をおこなったと見られるという（「蘭渓道隆の夢語り」）。説法の内容は、「もし人が悟りに達せば、大地はことごとく震動する。昨夜の地震は、私の杖が悟りを開いたことによるもので、日本諸国の山川草木

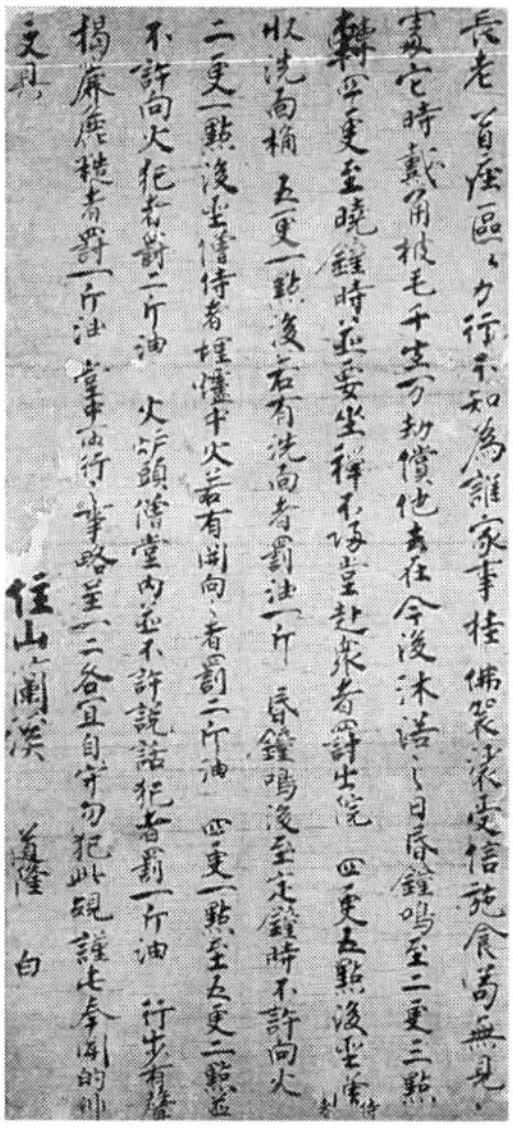

蘭渓道隆規則（建長寺所蔵）

は喜びにみちて美しくかがやき、つられた八幡菩薩と若宮王子が談合し、これ以後は戦乱を起こすことはやめて平和が訪れるようにしようと決めた」という不思議なものであったが（『大覚禅師語録　巻上』）、菅原氏によればこれは一種の夢語りであり、地震を平和の予告とすることで、鎌倉住人の不安を払拭し、人心を落ち着かせる役割を果たしたという。蘭渓が説法によって地震による動揺を抑えさせようとした対象には、前年に蘭渓より受戒して出家したばかりの時頼も、もちろん含まれていたであろう。

建長寺住職の交替

弘長二年（一二六二）春ごろ、蘭渓道隆は建長寺を離れて京都建仁寺の住職となり、替わって兀庵《ごったん》普寧《ふねい》が建長寺住職となった。この人事がおこなわれた年については、弘長元年（一二六一）とする説（太田博太郎「五山の建築」、今野慶信「得宗被官による禅院寄進の背景」など）と、弘長二年（一二六二）とする説（玉村竹二「蘭渓道隆と若訥宏弁」など）がある。この点については、舘隆志氏が考察したように、『大覚禅師語録』における説法の配列を見れば、弘長二年春先までは蘭渓は建長寺住持であったと見るのが自然と思われ（「『大覚禅師語録』の上堂年時考」）、本書でもこれに従いたい。

被官の禅宗信仰

同じころ、得宗被官の宿屋《やどや》氏が建仁寺に筑前の芦屋寺を寄進したことが知られる（『円通寺文書』（弘長二年）閏七月四日蘭渓道隆書状、『鎌倉遺文』八八四二号）。今野慶信氏によれば、宿屋氏が蘭渓の禅に傾倒していたことは明らかで、主人時頼の影響もあって禅に親近感を持っていたと見られるという（「得宗被官による禅院寄進の背景」）。時頼の熱心な禅宗信仰は、被官たちをもまきこんでいったのである。

蘭渓は、文永《ぶんえい》二年（一二六五）十月二十五日には山ノ内で時頼の三回忌法要の導師をつとめているので（『吾妻鏡』）、それ以前には鎌倉に帰っていたことになる。『蘭渓和尚行実』には「建仁寺住持を三年つとめて建長寺に帰った」とあるので、文永元年（一二六四）に建仁寺を退いて、鎌倉へ戻ったものであろう。時頼最期のとき、蘭渓はまだ鎌倉に帰っていなかったことになるが、時頼の生涯に大きな影響を与えた人物であった。

三　禅宗への帰依

道元との出会い

時頼と交流のあった禅僧というと、すでに触れたように、建長寺の創建という大事業との関係から、もっぱら建長寺開山に迎えられた蘭渓道隆の存在が目立つようである。

しかしながら実は、時頼が最初に本格的な禅に触れるきっかけとなったのは、曹洞宗の祖である道元との出会いであった。蘭渓道隆の来日の翌年にあたる宝治元年（一二四七）の八月三日、道元は越前永平寺を発って鎌倉へ行き、「檀那・俗弟子のために説法」したのち、翌年三月十三日に永平寺に戻っている（『永平道元和尚広録　三』）。ときに道元は四十八歳、六ヵ月ほどの短期間の鎌倉滞在であった。

道元はかつて「仏法興隆のために関東へ下向すべきだ」と勧められたとき、「もし仏法を学ぶ意志があれば、山川を越えてもみずから来るべきで、意志のない者にこちらから出向いて説いても無駄だ」として断っており（『正法眼蔵随聞記　巻二』）、鎌倉行きは本意ではなかった（辻善之助『日本仏教史　中世篇之二』）。

道元鎌倉下向の目的

道元の鎌倉行きの主な動機は、納富常天氏が指摘するように、永平寺の檀那である波《は》多《た》野《の》義重《よししげ》の依頼に応えたものと見られる。義重は幕府の御家人で、当時鎌倉に居住していたのである（「道元の鎌倉行化について」）。『永平寺三祖行業記《ぎょうごうき》』や『建撕記《けんぜいき》』などの伝記には、時頼の招きによって鎌倉へ赴いたとあり、これを認める意見もある（辻善之助『日本仏教史　中世篇之二』）。しかし、道元自身の記録に時頼招請の事実がまったく見られず、権勢を嫌う道元の立場からも、時頼の招きによる鎌倉行きは考えにくい。

鎌倉滞在中の道元は、名越《なごえ》の「白衣舎《びゃくえしゃ》」（俗人の家）に寄宿していたが（宝治二年二月十四日道元法語、『宝慶寺文書』）、この俗人の家は波多野義重の邸宅であったと考えられる（竹内道雄『道元』）。

道元から菩薩戒を受戒

さて、時頼は直接道元を鎌倉に呼んだわけではなかったが、名高い禅僧が鎌倉に滞在しているとの情報を得て、道元から教えを受けたらしい。『建撕記』によると、道元は時頼に菩薩戒を授けたという。時頼のほかにも、多くの僧侶・俗人が道元から戒を受けた。さらに時頼は、道元のために寺院を創建するので鎌倉に留まるようにと要請したが、道元は「越前の小寺院（永平寺）にも檀那があり、大事にしなければならないので」と堅く辞退したともいう。また、宝治元年に鎌倉で時頼の頼みで道元が作ったという、禅の教えを表現した十首の和歌が伝わっている（『傘松道詠』）。

道元と時頼の問答伝承

時頼と道元の面談は、のちの時代になるが、南北朝時代には「道元が時頼に、『世に異変があれば、天下を捨てよ』とすすめた」という話となって伝わっている（『空華日用工夫略集』永徳二年九月二十五日条）。おそらく時頼は、幕府の主導権をめぐって起こる政争を鎮めるためにはどのような心がけが必要かを、道元に尋ねたのであろう。それに対する道元の答えは、「権力者の地位に執着するな」というようなものであった。

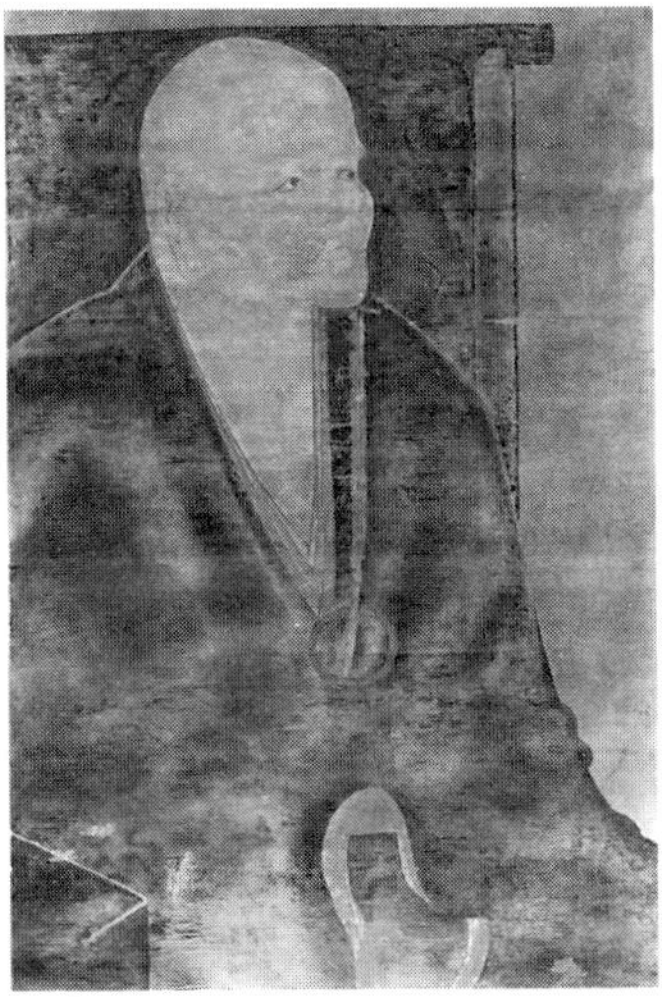

承陽大師〔道元〕像
（東京大学史料編纂所所蔵模写）

時頼が道元からどの程度本格的に禅の教えを学んだかは、以上のような断片的な伝承からはよくわからないが、禅の教えに関心を持つきっかけとなったことは確かであろう。時頼の没後になるが、永平寺末寺の越前宝慶寺《ほうきょうじ》に、伊志良知成《いしらともしげ》（沙弥智円）が時頼の菩提のために土地を寄進している（『宝慶寺文書』正安元年十月十八日智円寄進状、『鎌倉遺文』二〇二六六号）。このことも、道元の鎌倉での布教活動に遠因があると推測されるのである（大久保道舟「鎌倉行化に関する二三の考察」）。

兀庵普寧の来日

蘭渓道隆については先に述べたが、蘭渓に続いて時頼に大きな影響を与えた禅僧に、兀庵普寧がいる。兀庵は無準師範の高弟で、文応《ぶんおう》元年（一二六〇）、六十四歳のときに中国（宋）より日本に渡ってきた（『兀庵和尚語録』、『建長寺和漢年代記』）。まず博多聖福寺《しょうふくじ》に落ち着き（『兀庵和尚語録』）、ついでこの年のうちに円爾の招きによって京都東福寺へ移り、さらに兀庵の評判を聞いた時頼によって、鎌倉建長寺に迎えられた（『聖一国師年譜』）。

円爾は無準師範のもとで兀庵と同門であったので、円爾が時頼との間を仲介したものと思われる（鷲尾順敬『鎌倉武士と禅』）。建長寺住持の蘭渓は宋で兀庵とともに学んだ時期があり、兀庵を迎えた文応元年の冬、再会を祝す説法をおこなっている（『大覚禅師語録巻上』）。

時頼が兀庵を鎌倉に招いた背景には、禅の修行が進むにつれて、時頼が蘭渓の指導に満足しなくなってきたという事情があったらしい（市川浩史「兀庵普寧」）。兀庵の弟子東巌《とうがん》

初対面の兀庵に一喝される

慧安《えあん》の伝記『東巌安禅師行実《ぎょうじつ》』によると、「時頼はまず蘭渓に会って禅の手ほどきを受けたが、修行の志を増進させて、のどが渇きながらわずかな塩水を飲んでいるような状態となったので、たびたび使者を派遣して良き師を探し求めていた」という。

建長寺に入った兀庵に、時頼がはじめて対面したときの様子が、『東巌安禅師行実』に記されている。それによると、時頼が「私はかつて宋にいて、師のお顔を拝見したことがあります。今、再会できて幸福に感じています」と夢の話をしたところ、兀庵はその話を否定して、拳を握って振り上げ、「自分は年老いてはいるが、まだまだ拳は硬い」と述べたという。新たな師に出会って舞い上がっているところを一喝され、時頼は余計に敬服したようである。

兀庵普寧像（正伝寺所蔵）

来日の翌々年、弘長二年（一二六二）に蘭渓は建長寺を去って京都建仁寺の住職となり、替わって兀庵が建長寺住持となった。『聖一国師年譜』では、弘長元年に東福寺の円爾弁円が鎌倉へ出向いて兀庵の建長寺住職就任を祝ったとするが、これは弘長二年の誤りと見られる（舘隆志「『大覚禅師語録』の上堂年時考」）。この後も、時頼は兀庵のもとを訪れて教えを受け、兀庵も時頼の仏教に対する態度を高く評価している（辻善之助『日本仏教史　中世篇之二』）。

悟りの境地

時頼は兀庵の指導により、弘長二年十月十六日の朝、悟りを得る。兀庵の「天下に道はただ一つであり、聖人の心もただ一つである」という助言を受けて、時頼は「森羅万象、山河大地のすべてが、自己とは区別ない一体のものだ」と語り、悟りの境地に達して全身から汗を流した。時頼は、「二十一年の間、朝夕望み続けてきたことを、この一瞬にすべて手に入れた」と感涙を浮かべ、九回礼拝をした。兀庵は仏前に焼香して、時頼に法を嗣ぐ者と認めた（『東巌安禅師行実』）。

兀庵と蘭渓の反目

兀庵は時頼との関係が深かっただけに、時頼没後は失望感が大きく、文永二年（一二六五）に中国へ帰国した。帰国の際に兀庵は、「外来の者が怪しげなことを言って人々を惑わしている」という批判の言葉を残しているが（『東巌安禅師行実』）、その批判の対象は蘭渓道隆とされる（玉村竹二「臨済宗教団の成立」）。川添昭二氏は、妥協を許さない性格の兀庵と、苦しみながら日本化していく蘭渓の教団とが相容れなかったと見ている（「鎌倉仏教と中国仏教」）。

円爾弁円

時頼が接した禅僧としては、もう一人、従来さほどは注目されていないが、円爾弁円の存在をあげる必要がある。

京都東福寺開山として知られる円爾弁円であるが、実は東国・鎌倉とも縁が深い。円爾は駿河国の出身で、上野国長楽寺や鎌倉寿福寺などで学んだ。嘉禎元年（一二三五）に中国（宋）に渡り、径山万寿寺の無準師範に学んで法を嗣ぎ、仁治二年（一二四一）に帰国した。しばらく博多に滞在したのち、九条道家によって京都東福寺の開山に迎えられた。

先に触れたように、円爾は、建長寺創建のころから蘭渓道隆と交流するようになっており、建長元年（一二四九）の建長寺創建の儀式にあたっては弟子十人を派遣していた。円爾は蘭渓より十一歳年上で、若い蘭渓を助け建長寺建立を進めるためであったという（原田正俊「九条道家の東福寺と円爾」）。

円爾弁円からの修学

建長六年（一二五四）冬に円爾は鎌倉へ赴き、寿福寺に滞在した。これを伝え聞いた時頼は、ある日に円爾の説法を聴聞し、その夕方には私邸に招いて菩薩戒を受けた。また別の日、時頼は円爾と問答を交わして日ごろの疑問を解決し、今後の庇護を約束している（『聖一国師年譜』）。正嘉元年（一二五七）には、時頼の招請により鎌倉へ下り、禅の入門書である『大明録《だいめいろく》』の講義をおこなった。円爾を深く敬うようになった時頼は、将軍宗尊親王に働きかけて、円爾を建仁寺住持に任命させた。さらに時頼は、寿福寺に円爾を派遣して禅院としての礼儀作法を整えさせたという（『聖一国師年譜』）。原田正俊氏は、九条道家亡きあと、円爾は時頼という強い外護者を獲得したと指摘している。それを反映するように、円爾が定めた東福寺の年中行事のなかには、時頼を供養するための法会が見られるという（「九条道家の東福寺と円爾」）。

このほかにも、時頼・円爾・蘭渓の三者の間には、密接な交流があった。それを示すのが、年未詳五月七日付けの蘭渓から円爾への手紙（『禅林墨蹟　拾遺』所収）である。この手紙のなかで蘭渓は、「あなたの寺の荘園で所有の妨げとなる者がいることはよく承知しており、時頼公にたびたび話はしますが、時頼公は眉をしかめるだけです。いましばらく機が熟すのを待てば必ず解決するでしょう」と述べており、円爾が東福寺の荘園について時頼にとりなしを依頼したことに対する返事と思われる（今枝愛真「円爾と蘭渓道隆の交渉」）。禅宗に帰依し、蘭渓・円爾とも親しい時頼ではあったが、所領の訴訟となると話は別である。政治家として公正な裁判をめざしてきた立場から、特定の禅宗寺院に肩入れをすることははばかられる。そうはいっても、日ごろ禅の教えを受けている蘭渓の前ではっきりと断るわけにもいかず、眉をしかめて渋い顔するほかはなかったのであろう。この辺が、時頼の生真面目なところである。

さらに、年未詳七月十三日付けの蘭渓から円爾宛ての手紙（『続禅林墨蹟』）では、建長寺檀那の時頼が、蘭渓の弟子の義翁紹仁《ぎおうしょうにん》と葦航道然《いこうどうねん》の二人を宋に派遣して経を納めさせることになったので、助言をしてほしいと求めている。実際に入宋が実現したかどうかは不明であるが、時頼が中国（宋）の禅院との交渉意欲を持っていたことや、三者の連携ぶりなどがうかがわれる史料である。

大休正念へ招請状を送る

時頼は、建長六年（一二五四）に、のちに建長寺第三世となる宋の大休正念《だいきゅうしょうねん》のもとに招請状を送っているが（『法海禅師行状記』）、大休はこのときは応ぜず、時宗の時代になって渡来した。時頼が招請した時期に、ちょうど大休の同学として無象静照《むぞうじょうしょう》という日本人僧がいた。無象は、時頼の近親者で円爾の弟子であったから、大休の招請のために仲介をつとめたものと見られる（玉村竹二『五山禅僧伝記集成』）。川添昭二氏は、時頼は蘭渓を敬いながらも、さらに積極的に宋の名僧や文物を求めていた、と指摘している（「鎌倉仏教と中国仏教」）

時頼が禅に求めたもの

時頼は相当熱心に禅に帰依していたが、禅に何を求めていたかについては、諸説がある。近年は、禅に含まれる儒教的な教養（治世者の道徳）の習得が目的だったとする説が主流である（川添昭二『北条時宗』、村井章介『北条時宗と蒙古襲来』）。それに対して、海老名尚氏は、時頼は為政者としての資質修養のために禅を受容したが、禅僧の教えに接するなかで自己の悟りの獲得と一致させていくようになったと見る（「北条得宗家の禅宗受容とその意義」)。また、橋本雄氏は、時頼の禅の修行は、結果的に儒教的修養に役立ったが、自身の心の平安回復が本来の目的であったと主張する(「北条得宗家の禅宗信仰をめぐって」)。時頼の何ごとにも全力を注ぎこむ性格から考えて、儒教的教養と、精神の平安としての禅の悟りと、双方をともに求めていたのではなかろうか。そのなかでも、やはり心の平安を求める気持ちのほうがいくらかは勝っていたように感じられる。

四　日蓮との出逢い

日蓮の鎌倉進出

時頼は、法華宗(日蓮宗)の祖となった日蓮《にちれん》とも接点があった。房総で活動をしていた日蓮が鎌倉に拠点を移したのは、康元元年(一二五六)八月ごろと推定される(寺尾英智「日蓮書写の覚鑁『五輪九字明秘密釈』について」)。高木豊氏によれば、日蓮は鎌倉の東の周縁である名越に拠点を構えたと見られ、その背後には信者であり北条家庶流名越氏の被官でもあった四条頼基《よりもと》、さらにその主人である名越氏の支援があったという(「鎌倉名越の日蓮の周辺」)。また、佐藤弘夫氏は、鎌倉には幕府関係者や天台僧などの人脈があったことも、日蓮の鎌倉進出の理由の一つと見ている(『日蓮』)。

『立正安国論』の提出

正嘉元年(一二五七)、日蓮は鎌倉で大地震に遭遇した。この大地震は日蓮に強烈な印象を

日蓮から見た時頼

与え、のちにみずからの手紙のなかでも、たびたび触れている。正嘉の大地震と、当時鎌倉で浄土教（念仏）が流行していたことに危機感を覚えた日蓮は、「念仏を禁止して、法華経を信仰すれば、国が平穏となる」という意見書、すなわち『立正安国論《りつしょうあんこくろん》』を著した。日蓮自身の書状によると、日蓮は『立正安国論』を文応元年（一二六〇）七月十六日の辰刻（午前八時ごろ）、得宗被官の宿屋《やどや》入道（最信）に取次を依頼して、時頼に提出している（「安国論副状」『昭和定本日蓮聖人遺文』四二一頁（以下『日蓮遺文』と略す）・『鎌倉遺文』八五〇七号、「安国論御勘由来」『日蓮遺文』四二二頁・『鎌倉遺文』九九一一号）。このとき、日蓮は三十九歳、対する時頼は三十四歳であった。

日　蓮　像（久遠寺所蔵）

「安国論御勘由来」には、「正嘉元年の大地震、同二年の大風、同三年の大飢饉、正元元年から二年にかけての疫病と災害が続き、『国主』が驚いて種々の祈禱をおこなわせたが効き目がない。こういう世間の惨状を見て、ついに意見書を作った」とある。正嘉の大地震が『立正安国論』提出の大きなきっかけとなったことは間違いない。右の日蓮書状に見える「国主」とは、得宗時頼を指

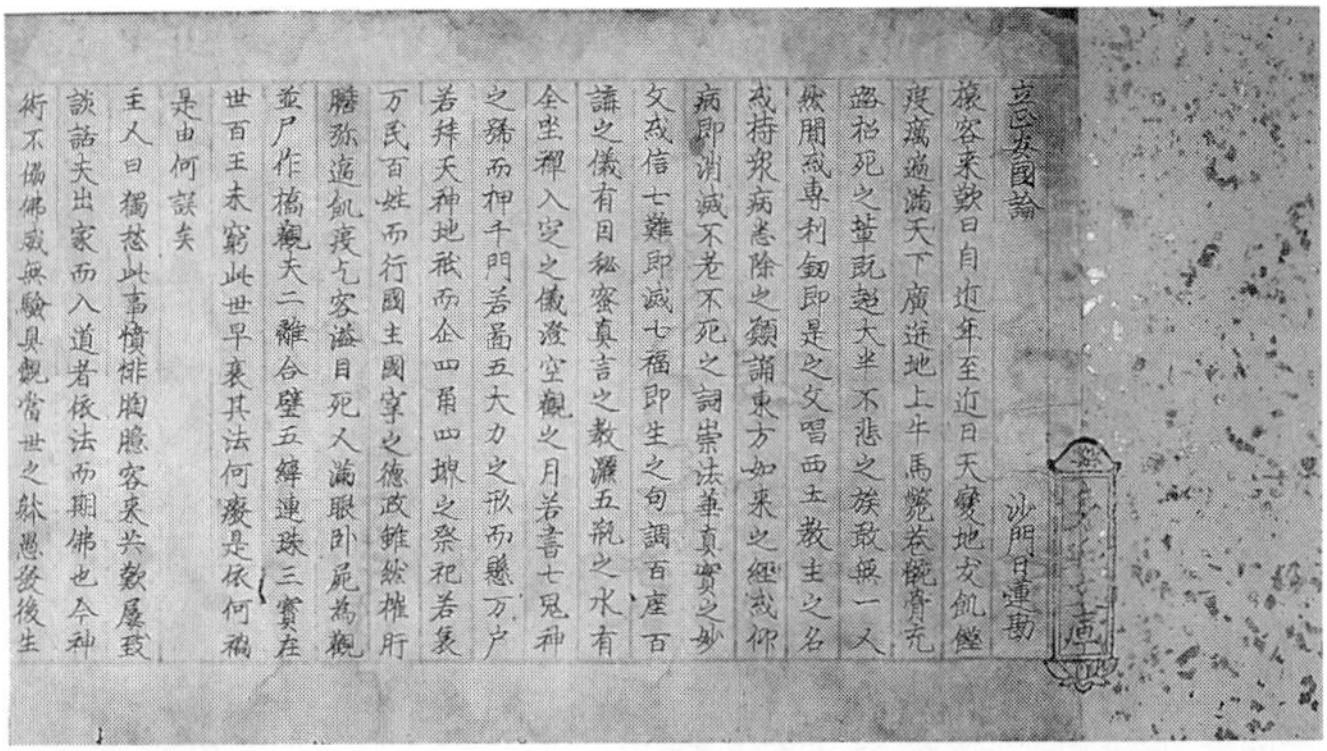

立正安國論　　沙門日蓮勘
旅客来歎曰自近年至近日天變地夭飢饉
疫癘遍満天下廣迸地上牛馬斃巷骸骨充
路招死之輩既超大半不悲之族敢無一人
然間或専利釼即是之文唱西土教主之名
或持衆病悉除之願誦東方如来之經或仰
病即消滅不老不死之詞崇法華眞實之妙
文或信七難即滅七福即生之句調百座百
講之儀有因秘密眞言之教灑五瓶之水有
全坐禪入定之儀澄空觀之月若書七鬼神
之號而押千門若圖五大力之形而懸万戸
若拜天神地祇而企四角四堺之祭祀若哀
万民百姓而行國主國宰之德政雖然唯摧肝
膽弥逼飢疫乞客溢目死人満眼臥屍爲觀
並尸作橋觀夫二離合璧五緯連珠三寶在
世百王未窮此世早衰其法何廢是依何禍
是由何誤矣
主人曰獨愁此事憤悱胸臆客来共歎屢致
談話夫出家而入道者依法而期佛也今神
術不協佛威無驗具覩當世之體愚發後生

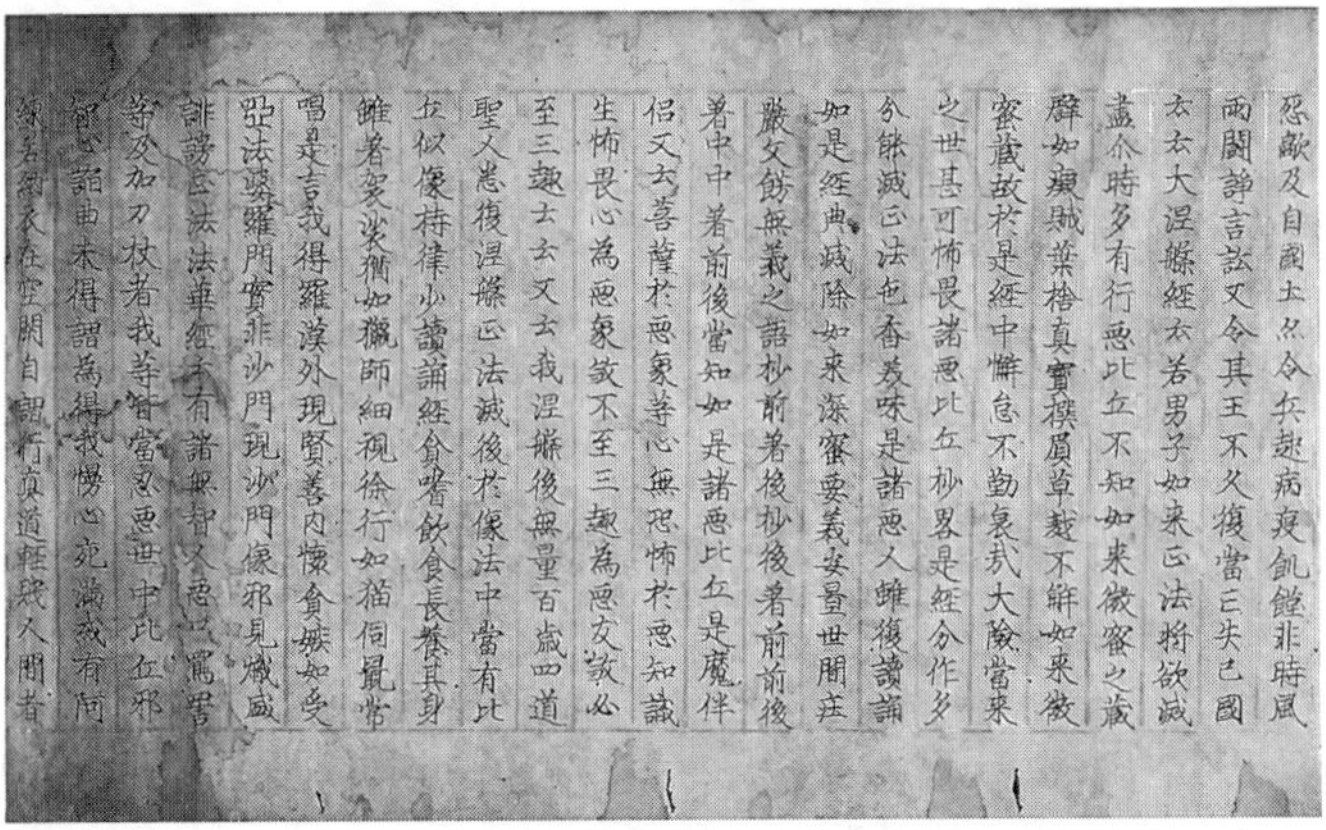

惡獸及自國土亦令兵起病疫飢饉非時風
兩闘諍言訟又令其王不久復當亡失己國
云云大涅槃經云若男子如来正法將欲滅
盡爾時多有行惡比丘不知如来微密之藏
譬如痴賊棄捨眞寶擔負草芥不解如来微
密藏故於是經中懈怠不勤哀哉大險當来
之世甚可怖畏諸惡比丘抄略是經分作多
分能滅正法色香美味是諸惡人雖復讀誦
如是經典滅除如来深密要義安置世間莊
嚴文飾無義之語抄前著後抄後著前前後
著中中著前後當知如是諸惡比丘是魔伴
侶又云菩薩於惡象等心無恐怖於惡知識
生怖畏心爲惡象殺不至三趣爲惡友殺必
至三趣云云又云我涅槃後無量百歳四道
聖人悉復涅槃正法滅後於像法中當有比
丘似像持律少讀誦經貪嗜飲食長養其身
雖著袈裟猶如獵師細視徐行如猫伺鼠常
唱是言我得羅漢外現賢善内懷貪嫉如受
瘂法婆羅門等實非沙門現沙門像邪見熾盛
誹謗正法法華經云有諸無智人惡口罵詈
等及加刀杖者我等皆當忍惡世中比丘邪
智心諂曲未得謂爲得我慢心充滿或有阿
練若納衣在空閑自謂行眞道輕賤人間者

『立正安国論』（久遠寺所蔵）

している。日蓮が時頼に『立正安国論』を提出したのは、執権長時が念仏の信者であったこと、時頼が依然政治の実権を握っていたことによるもので、日蓮は時頼を『涅槃経』に説かれる護法の国主に見立てていたという(川添昭二「日蓮遺文に見える北条氏」)。

日蓮は、先に見た「国主」のほかに、「国王」という用語も使用している。これについて佐藤弘夫氏は、日蓮は国家支配の頂点にある「国王」と、その下で政治の実権を握る「国主」を区別し、天皇が前者、時頼は後者にあたると見ていた、とする(『日蓮』)。しかし、坂井法曄氏によれば、日蓮は「国王」と「国主」を同じ意味で使用しており、時頼を天皇に替わる「国主」・「国王」と見ていたという(「日蓮遺文に見える国主と国王」)。無住道暁の『雑談集』において、時頼の権勢は「国王」のようだと述べられていたのも、同様の感覚に基づくものであろう。東国社会で活動し、鎌倉に拠点を置いていた日蓮には、出家引退後も実権を持つ得宗時頼の権勢を、肌で感じていたのではなかろうか。

時頼の対応

日蓮は念仏だけでなく禅宗も早くから批判していたが、『立正安国論』で批判の対象を念仏に絞ったのは、論点を絞ることのほかに禅宗に帰依していた時頼に配慮したと考えられる(関戸堯海「執権北条氏と『立正安国論』」)。

なお、日蓮の書状のなかには、時頼に直接対面したかのように読みとれる表現もあるが(「法門可被申様之事」『日蓮遺文』四五五頁、「故最明寺入道見参御書」『日蓮遺文』四五六頁)、坂井法曄氏が指摘するように、当時の書札礼《しょさつれい》（手紙のやりとりにおける儀礼）と同様、無名の一僧侶である日蓮は、側近（被官）を間に介して得宗と接触していたと見るのが自然である（「日蓮と鎌倉政権ノート」）。それでも、いちいち人の言うところに耳を傾けようとする時頼の性格から類推すれば、間接的ではあっても日蓮の説くところは時頼のもとに届いてはいたはずである。しかし、時頼の仏教信仰はこれまでも言及し、また以下でも触れるよう非常に幅広いものであり、念仏禁止のような排他的政策はなじまなかった。政治家である時頼にとって、日蓮の純粋信仰上の主張は、到底採用できる次元のものではなかったのである（川添昭二「日蓮遺文に見える北条氏」）。時頼としては、日蓮の『立正安国論』については放置しておくほかはなかったのである。

しかし、日蓮に非難された念仏の信者は黙っていなかった。念仏信者や職人たちが大挙して名越の日蓮の草庵を襲い、危うく逃れるという事件が起きた。俗に「松葉ヶ谷の法難」と呼ばれる事件である。高木豊氏によれば、日蓮の書状「論談敵対御書」（『日蓮遺文』二七四頁）によって、この事件は弘長元年（三六一）五月十二日戌時（午後八時ごろ）に発生したものと見られるという（「鎌倉名越の日蓮の周辺」）。

この事件の直後、日蓮は幕府によって伊豆伊東へ流罪となる（「一谷入道御書」『日蓮遺文』九八九頁・『鎌倉遺文』一一九〇五号、「報恩抄」『日蓮遺文』一二三七頁）。流罪の日は「報恩抄」などから五月十二日とされてきたが、高木豊氏は、草庵襲撃が五月十二日夜と見られることから、流刑は若干隔たりがあることを指摘する。そして、日蓮にとっては襲撃から流刑へ続くものであったので、五月十二日が強く意識され、五月十二日に流罪という表現になったと推測する（「鎌倉名越の日蓮の周辺」）。正式な罪名は不明であるが、これ以上日蓮の活動を放置すれば鎌倉が混乱すると幕府が判断し、時頼も異議を唱えなかったのであろう（佐藤弘夫『日蓮』）。その後、弘長三年（一二六三）二月二十二日、日蓮は赦免された（「報恩抄」）。

赦免は時頼の日蓮に対する配慮？

日蓮自身は、伊豆流罪は時頼周辺の策動によるもので、赦免は時頼の配慮によるものと見て、時頼本人に対してはむしろ好意をいだいていた。たとえば、「妙法比丘尼御返《みょうほうびくにおへん》事《じ》」（『日蓮遺文』一五六二頁・『鎌倉遺文』一三一六九号）では、「念仏信者が人々と共謀して日蓮を殺そうとしたが果たせなかったので、執権長時が父重時の気持ちを汲んで理不尽にも伊豆へ流したのだ」とする。熱心な念仏信者であった北条重時の意図を汲んで、息子の執権長時が伊豆流罪を主導したと見るのである。「破良観等御書《はりょうかんとうごしょ》」（『日蓮遺文』一二八六頁・『鎌倉遺文』一二六二〇号）では、「長時と政村が心を合わせて伊豆へ流した」と記して、連署の北条政村も関与したことを述べている。

いっぽう、赦免に関しては、「聖人御難事《しょうにんごなんのこと》」（『日蓮遺文』一六七四頁・『鎌倉遺文』一三七二七号）で、「時頼殿は、日蓮の流罪が讒言によるものと知って、許したのである」として、時頼自身には処罰の意思はなかったと見ている。「破良観等御書」でも、「時頼殿だけは、日蓮の言動には理解できるところもあると思われて、急ぎお許しになった。しかし、時頼殿も亡くなられたので、事態はいっそう悪くなった」と記しており、時頼にだけは理解されていたとの認識を示しているが、結局日蓮の提言が時頼に採用されることはなかったのである。

五　浄土と大仏

浄光明寺の創建

時頼は、日蓮が強く批判した念仏の教え（浄土教）をも受け入れていた。鎌倉扇《おうぎ》ヶ《が》谷《やつ》の浄光明寺《じょうこうみょうじ》創建に関わったと見られることは、その一つの例である。浄光明寺は、建長三年（一二五一）に北条長時の発願により、浄土宗諸行本願義の僧である真阿《しんあ》を開山に招いて創建されたと伝えられる（『浄光明寺文書』嘉慶三年二月三日官宣旨、『鎌倉市史　史料編一』五六八・五六九号）。しかし、大三輪龍哉氏は、永仁《えいにん》四年正月二十三日真阿譲状《ゆずりじょう》（『浄光明寺文書』、『鎌倉遺文』一八九六九号）に「本願主」として長時と時頼の名があること、建長三年当時に長時が六波羅探題在任中であったことなどから、創建に関わる実務をおこなってい

光明寺への関与

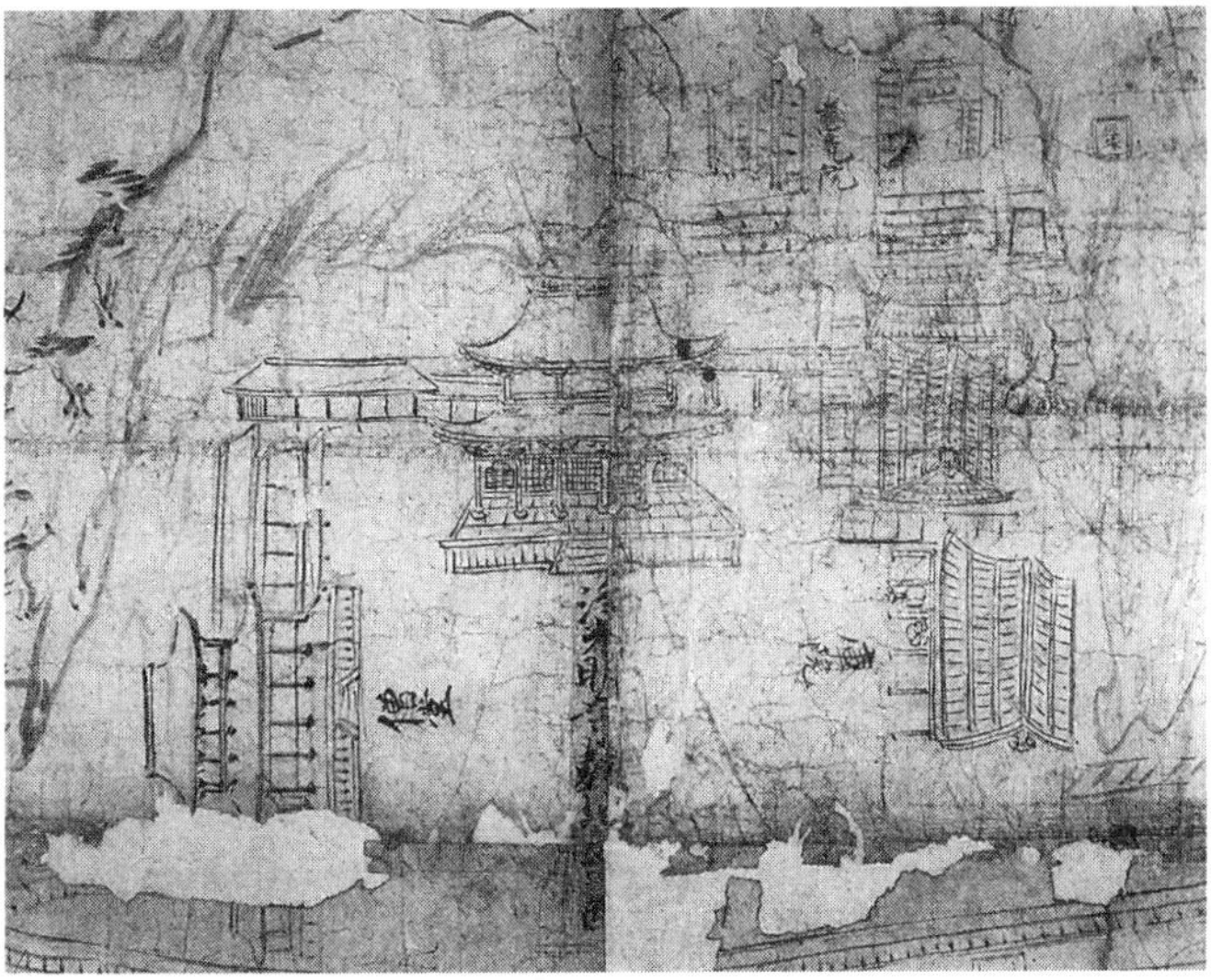

鎌倉時代の浄光明寺（「浄光明寺敷地絵図」（部分）浄光明寺所蔵）

たのは執権時頼であっただろうとする（「鎌倉時代の浄光明寺」）。時頼が浄土教を中心とする寺院を建立していることは、当時の多くの武士と同様に、念仏の信仰（阿弥陀信仰）をも持ち合わせていたことを意味している。

現在は鎌倉の材木座にある浄土宗光明寺についても、時頼の関与が伝えられている。光明寺は良忠《りょうちゅう》の開山で、浄土宗鎮西《ちんぜい》派の関東における一大拠点であった。良忠の伝記『鎌倉佐介浄刹光明寺開山御伝』によれば、光明寺はもともと北条経時が良忠のために鎌倉の佐介（佐助）に建てた蓮華寺という寺院で、建長元年（一二四九）ごろに時頼が陸奥国由良郷を寄附して、外門に「佐介浄刹」という額を掛けたという。ただし、良忠が下総から鎌倉に入って拠点を構えたのはこれより少し後の文応元年（一二六〇）三月～五月ごろと見られることや（大橋俊雄「良忠の東国進出と鎌倉蓮華寺」）、良忠と時頼の関係がほかには確認できないことから、どこまで事実を反映しているか不明である。あるいは、時頼が浄土の教えにも興味を持っていたことから発生した伝承かもしれない。

善光寺信仰

時頼にはまた、信濃善光寺への信仰もうかがわれる。善光寺は、阿弥陀如来を本尊とする浄土信仰の中心であり、「東国の守り本尊」として東国武士の信仰を広く集めていた。弘長三年（一二六三）三月十七日、時頼は信濃国深田郷の田地を買得して善光寺に寄進し、不断経衆と不断念仏衆への手当とさせている（『吾妻鏡』）。

こうした時頼の善光寺信仰が背景となっていると思われるのが、神奈川県大井町の最明寺の事例である。最明寺は、鎌倉時代初めに御家人出身で善光寺信仰を広めた源延《げんえん》の建立とされ、善光寺式阿弥陀三尊などを伝えている。のちに時頼が堂・所領を寄進して最明寺と名づけたとも伝えられ、南北朝期作の木造時頼像が残されている（薄井和男「大井町最明寺の北条時頼像について」）。時頼が、善光寺の阿弥陀如来を信仰したことと、善光寺信仰の寺が結びついて、時頼創建の寺と同名の「最明寺」という名が残されたのである。

大仏鋳造の開始

鎌倉における浄土信仰ということになると、やはり鎌倉大仏に触れなければなるまい。

『吾妻鏡』によれば、建長四年（一二五二）八月十七日、鎌倉深沢において金銅の八丈の釈迦如来像を鋳造し始めたという。鎌倉大仏は非常に謎が多いのであるが、この記事もその一つで、現在残されている大仏は阿弥陀如来像であるが、記事では「釈迦如来」とされている。この不一致をどう解釈するかについては諸説あるが、基本的には建長四年に鋳造を開始した大仏が現存の大仏であると見る点ではほぼ一致している（塩澤寛樹『鎌倉大仏の謎』）。

大井町最明寺の北条時頼像（最明寺所蔵）

銅造大仏と木造大仏との関係

実は、銅造の大仏が作り始められる前に、木造の大仏が存在していた。木造大仏は嘉禎四年（一二三八）三月二十三日に工事が始められ、寛元元年（一二四三）六月十六日に完成している（『吾妻鏡』）。清水眞澄氏によれば、木造大仏も銅造と同じ阿弥陀如来像であったと見られ、創建を発案したのは北条泰時と考えられるという（『鎌倉大仏』）。いっぽう、上横手雅敬氏は、浄光という念仏聖《ひじり》の勧進活動を幕府が支援したと見るが（「鎌倉大仏再論」）、いずれにせよ幕府が関与していたこ

大仏建立を推進

鎌倉大仏(高徳院)

とは間違いない。

木造大仏を原型として、同じ場所に銅造大仏が建立されたと考えられるが、正確な完成時期は不明で、文応元年(一二六〇)から文永元年(一二六四)の間と見られている(清水眞澄『鎌倉大仏』)。浅見龍介氏によると、銅像大仏の建立を推進したのは、北条時頼であったという(「鎌倉大仏の造立に関する一試論」)。泰時の代の大仏を継承したという側面もあるが、時頼自身に阿弥陀信仰がなければ、大仏建立のような大事業をおこなうことはなかったであろう。また、塩澤寛樹氏は、並行して造営が進んでいた建長寺とともに、大仏が幕府による国家支配を守護する仏教拠点という性格を持っていたと述べている(『鎌倉大仏の謎』)。

律宗の関与

なお、馬淵和雄氏は、銅造大仏の完成を弘長二年(一二六二)と想定するとともに、前後して奈良西大寺の律僧である叡尊《えいそん》が鎌倉を訪れていることに注目し、大仏は西大寺系律宗と時頼政権との一体化の象徴と見ている(『鎌倉大仏の中世史』)。上横手雅敬氏も、大筋で馬淵氏の説に賛同している（「鎌倉大仏再論」）。そこまで言い切れるかどうかは別として、技術者の動員という面からも大仏と律宗が密接な関係にあったことは十分想定できる（塩澤寛樹『鎌倉大仏の謎』）。

六　叡尊の下向と律

叡尊の鎌倉下向

すでに直前の鎌倉大仏の部分でも触れたが、時頼は西大寺流の律とも接点があった。弘長二年（一二六二）、金沢《かねさわ》（北条）実時《さねとき》の要請をうけて、奈良西大寺の叡尊が鎌倉へ下向した。叡尊は、奈良を中心に律の教えを弘め、西大寺の復興を果たした僧として著名で、葉室《はむろ》定嗣《さだつぐ》のように貴族のなかにも弟子入りする者があった（和島芳男『叡尊・忍性』）。

叡尊の自伝『感身学正記《かんじんがくしょうき》』によると、前年十月八日、見阿弥陀仏《けんあみだぶつ》という律僧が実時の使者として叡尊を訪れ、「一切経を西大寺と武蔵金沢の称名寺《しょうみょうじ》に寄附するので、関東へ下向してほしい」という書状を持参した。叡尊は多忙を理由に断り寄附も辞退したが、下向の有無にかかわらず寄進します、ということで後日西大寺に一切経が届いた。十二月二十八日には、弟子の定舜《じょうしゅん》が関東から上ってきて、実時の言葉を伝えたが、それによると時頼も実時に同心して、叡尊の下向を望んでいるという（『関東往還前記』）。

叡　尊　像（西大寺所蔵）

弘長二年正月二日、再び見阿弥陀仏が実時の手紙を叡尊のもとに持参し、それには時頼も仏法を興隆しみずから受戒するためにも下向を願うと記されており、やむをえず叡尊は了解したのである（『感身学正記』）。先に実時の言葉を伝えた定舜は、実時の発願で中国に渡り、一切経を得て帰ってきた人物でもあり、叡尊下向以前にすでに金沢氏が西大寺流律宗に帰依していたことは確実と見られている。

また、叡尊の一番弟子忍性《にんしょう》も、建長四年（一二五二）に関東に赴いて、常陸の三村《みむら》寺《じ》を拠点に活動し、さらに弘長元年（一二六一）には鎌倉の新清涼《しんせいりょう》寺《じ》釈迦堂を新たな拠点として獲得していた（細川涼一「忍性の生涯」）。忍性らを通じて師叡尊の高名を聞いた実時らが叡尊を招こうとし、時頼もそれに賛同したと考えられる（松尾剛次「叡尊の生涯」）。

叡尊鎌倉到着

弘長二年二月四日、六十二歳の叡尊は、弟子の定舜・盛遍《じょうへん》・性如《しょうによ》・性海《しょうかい》らを従えて鎌倉へ向けて出発した。以後の一行の様子は、性海の旅行記『関東往還記《かんとうおうかんき》』に詳しいので、これによって時頼との関係を中心に記していくことにする。二月二十七日の夕方、叡尊は鎌倉に到着し、西御門の天野景村《あまのかげむら》（実時の母方の伯父）の屋敷に落ち着いた。晩になって実時が訪れ、「出家はしないが、自分を弟子に加えてほしい。また、時頼も御下向を大変喜んでいる」などと語って帰った。二十九日、亀谷の新清涼寺釈迦堂に移り、翌三十日には早速同所で梵網布薩《ぼんもうふさつ》という仏教儀礼がおこなわれ、叡尊の説法を実時一族とともに時頼の妻（重時の娘）が聴聞した。

時頼との対談

三月一日には、時頼本人から実時を介して「急ぎお会いしたい」と伝えてきたが、叡尊は「しばらく日をおいて、特に急がずに折りを見て会いましょう」と返事をした。八日にも、時頼の「対面したくてたまらないのですが、自分から参上するとなると警備が面倒ですし、気軽に私宅にお招きするというのも恐れ多く、どうしたらよいか困り果てています」という言葉を、実時が伝えている。遠回しながらも催促するような時頼のメッセージに、叡尊も押し切られた格好で、「一人のためにこちらから出向くのは本意ではないが、なかなか難しい状況なので、今回は特別にこちらから出向きましょう」と返答した。そして、この日の夕方に時頼の別荘内にあった最明寺を訪ね、数時間にわたって時頼と対談し、深夜になって帰ってきている。

五月十四日、時頼の使者が叡尊のもとへ来て、「戒を受けたいので、明日参上したいと存じます。もし都合が悪いならば、二十三日にしたいと思います。また、受戒のときにはお布施を納めると世間では言われていますが、本当はどうなのでしょうか」と伝えた。これに対して、「明日は布薩があるので、二十三日がよいでしょう。布施のことは広く言われていますが、仏の教えにはないことで、誤った説です」と回答している。この間のやりとりや対談を通じて時頼はすっかり叡尊に心酔してしまったらしく、将軍の御前で「叡尊の人徳とすばらしい行いは、尋常ではありません」とあれこれ賞賛したので、人々はますます競って叡尊のもとに集まってきたという（五月十七日条）。

五月二十二日、時頼からの使いが「今日参上して受戒の詳細をうかがい、明朝戒を受けようと思っていましたが、急に激しい下痢が起きて体調を崩しましたので、回復してからにしたいと思います。また、お布施は一切お受け取りにならないとうかがってはいましたが、特別な気持ちをあらわしたいと思い、お送りします。どうかまげてご受納ください」と叡尊に伝えてきた。叡尊は、「布施は一切受け取ったことはありません。ご命令には逆らいがたいのですが、この件だけはどうしても了承できません」と答えている。この叡尊の態度は、質素倹約に努めた生真面目な時頼には、非常に好ましく感じられたに違いない。

叡尊のもとを訪問

その後体調回復した時頼は、六月十三日に叡尊のもとを訪れた。「おいでになるのは難しいということでしたのに、今日のご訪問はどうしたことですか」と叡尊が尋ねると、時頼は「自分は、ありがたくも不肖の身で間違って幕府の実権を握ることになりました。戦々兢々とする思いは、まるで薄氷を踏むようなものです。そのため、わずかの距離の外出も容易ではなく、前回は私宅にお招きしました。しかし、よくよく考えてみれば、自分の安全ばかりを気にして参上しないのは、仏法を軽視するようなものです。前回のことを思い出しては、非常に後悔しております。地位や名誉のために何度か命を落とすほどの災いに遭いながら、仏法のためには少しも命を捨てようとはしてきませんでした。愚かなことこの上もありません。そこで、すべてをなげうって参上したのです」と言った。多少の誇張もあるかもしれないが、執権の職を去った後も、時頼が身の危険を感じるような政治的な緊張状態が続いていたようである。そうであったとしても、自分のとった態度が正しかったかどうかと、時頼はいろいろ考えたあげく、自分のほうから叡尊を尋ねるべきだったという結論にいたったらしい。さらに時頼が戒を受けるために明日にでも参上したいと述べると、叡尊は「ご来訪は面倒が多いでしょうから、今後はおやめになってください。必要があれば、こちらから伺いますから」と応じ、時頼はたいそう喜んでいる。

斎戒を受ける

十六日には、得宗被官の宿屋入道を使者として、「十八日に戒を受けたいと思いますので、お越しください」と時頼から叡尊に要請があった。これをうけて、十八日朝に叡尊は最明寺へ赴いた。時頼は最大級の敬意を表して、斎戒を受けた。しばらく歓談して叡尊が帰るとき、時頼は庭に降り立って、門を出るまで見送った。これを伝え聞いた人々は、めったにないことだと、礼を尽くした時頼をほめたたえたという。

叡尊の評判を聞いた将軍宗尊親王は、「叡尊にお会いして戒を受けたいが、どうだろうか」と時頼に問い合わせたところ、「あの上人の徳は尋常ではありません。もし、単に面識を得るだけであれば意味のないことです。信心がよほど厚いのであれば、お会いになるのがよろしい」との返事で、少々問題があるような内容であったので、結局宗尊は思いとどまったという（六月二十一日条）。そもそも将軍の前で叡尊を賞賛したのは時頼であったのに、何やら渋るような時頼の態度は、どうしたことであろうか。将軍たるものは気軽に誰にでも会おうと言い出すべきではない、ということであろうか。または、叡尊および西大寺流律宗との結びつきを得宗家で独占しようとしたためであろうか。

叡尊の発病と時頼の見舞

連日の活発な活動と暑さのため、二十七日に叡尊は体調を崩してしまった。これを聞いた時頼は、二十九日、将軍付き医師の丹波長世《たんばながよ》を派遣するとともに、薬を届けている。七月一日には叡尊の体調は回復したが、十九日には再び発病し、弟子の盛遍も病床についてしまった。二十日、時頼は丹波長世を派遣し、みずから調合した「黒錫丹」などの薬を届けさせた。なお、細川涼一氏は、黒錫丹は黒錫（鉛）に硫黄などを混ぜたもので、時頼は黒錫丹の常用者であったことから、鉛毒による副作用が時頼の早すぎる死の一因である可能性を指摘している（『関東往還記』解説）。

逗留延長を要請

二十二日、時頼から「疲労の上、猛暑の最中ですから、今すぐ帰るのはなかなか大変でしょう。もう二ヵ月ほどは逗留してください」と叡尊に申し入れてきたが、叡尊は「ご命令ではありますが、病気が治れば急いで帰るつもりです」と返答した。すると時頼は、また使いを送って「日ごろから受戒したいと希望しておりましたが、今こそ望みを遂げたいと思いますので、曲げて二ヵ月ほど逗留してください。西大寺の留守のことも気になるでしょうから、援助をいたします」と伝えてきた。叡尊は「受戒とあれば逗留しましょう。ただし、二ヵ月もというわけにはいきません。ことがすんだらすぐ帰ります。西大寺はもともと援助を頼まない寺ですので、援助は必要ありません」と返している。

二十三日、実時が時頼の言葉を伝えた。「東国をあげて帰依することの証拠として、荘園を西大寺に寄進する準備を内々進めています。私個人の行為では失礼なので、将軍家の寄進という形にしたいので、なにとぞお受けください」とのことであった。二十四日、時頼から使いが来て、叡尊の逗留延長を喜ぶ旨を伝えた。二十五日、時頼の使者が叡尊の病状を尋ねてきたので、ようやく回復したと返答した。

こうしてみると、実にまめに、うるさいくらいに時頼が叡尊と連絡をとっていることがわかる。体調が回復したとわかると二十六日には、時頼は邸宅に叡尊を招き、「菩薩戒を受ける前に心がまえを親しく承りたいのですが、自分から出向くことは難しく、毎日お出でいただくのは恐れ多いので、私邸の近くの閑静な住まいにお移り願えませんか」と要請している。叡尊は、これについては了承した。続いて時頼が「法隆寺の聖徳太子像の模写をさせましたので、これの開眼供養をしていただけませんか」と頼むと、これは辞退し、また西大寺への援助も堅く辞退した。時頼は、聖徳太子信仰も持っていたのである。

叡尊から菩薩戒を受戒

その後、叡尊が時頼に菩薩戒を授けたのがいつであったか、『関東往還記』が七月三十日条で終わっているため、不明である。ただし、結局叡尊は続く閏七月・八月も鎌倉に滞在することになり、『西大寺《さいだいじ》勅諡《ちょくし》興正《こうしょう》菩薩《ぼさつ》行実《ぎょうじつ》年譜《ねんぷ》』によれば、閏七月九日に鎌倉苑寺で聖徳太子像開眼供養をおこなったことがわかる。時頼の再三の要請を断り切れなかったのであろう（和島芳男『叡尊・忍性』）。叡尊が鎌倉を発って西大寺へ帰り着いたのは、八月十五日であった（『感身学正記』）。

叡尊西大寺へ帰着

西大寺に戻った叡尊に対して、十月五日付けの時頼の手紙が、十一月八日に届いた。内容は、いまだ叡尊が後嵯峨上皇のもとへ参上していないことを気遣い、『宗鏡録《すぎょうろく》』と文殊菩薩の獅子のための彩色絵の具代を送る旨を知らせるものであった。上皇のことは、西大寺を院の御願寺《ごがんじ》にさせようという配慮、文殊菩薩とは叡尊が作らせていた奈良般若寺の文殊菩薩像に付属する獅子像のことである（和島芳男『叡尊・忍性』）。鎌倉を離れた後も時頼の叡尊に対する帰依は変わらなかったのであるが、その後の両者の交流を伝える史料はない。

叡尊の下向と時頼をはじめとする幕府有力者の帰依をきっかけに、関東での西大寺流律宗の活動は飛躍的に盛んとなり、やがては極楽寺に拠点を移した忍性がその中核を担っていくのであるが、それは時頼の没後のことである。

叡尊への帰依の理由

時頼が叡尊に帰依したのは、偶然にも幼名が「戒」寿であったことに象徴されるように、時頼には律のような禁欲的側面の強い教えが性に合ったからかもしれない。しかしながら、叡尊から戒を受けようと思ったのはたんにそれだけではなかったようである。のちに叡尊が語ったところによると、「関東で最明寺の禅門（時頼）に会ったとき、『斎戒を受けたのも理を明らかにするためです』と言われた。この人は禅の修行をして常に悟りを得ようとしているので、このような言葉があったのだろう」ということであった

（『興正菩薩御教誡聴聞集』五〇）。禅を中心としつつも、さまざまな仏教の教えに耳を傾け、この世で何が正しいかを見極め、精神の平穏を回復しようと努力していたのであろう。

また、これまで見てきたように時頼の仏教信仰は実に幅広く、律一辺倒になることはなかったと言える。

第七　晩年と残像

一　臨終往生

将軍上洛の中止

叡尊の下向に鎌倉が沸き返った翌年、弘長《こうちょう》三年（一二六三）は、文字通り波乱の年となった。八月十四日、豪雨とともに大風が吹き、御所や鎌倉中の民家に大きな被害が出た。由比ヶ浜に着岸していた数十艘の船が、破損したり漂流して沈没したりした（『吾妻鏡』）。二十五日、かねてより幕府が準備を進めてきた将軍宗尊《むねたか》親王の上洛が、大風により諸国の農作物に被害が出て、庶民の負担を軽減させることが必要となったため、延期となった（『吾妻鏡』）。

八月二十七日に再び大雨と大風が襲い、由比ヶ浜では沈没する船や、打ち寄せられた死人が無数に見られた。九州から年貢を運送してきた船のうち、六十一艘が伊豆の海を漂流した（『吾妻鏡』）。

将軍上洛延期が決まった八月二十五日、時頼の病気回復のために、時頼邸（おそらくは

千手観音像（建長寺所蔵）

山ノ内の別荘であろう）で大般若経の真読がおこなわれたことが『吾妻《あずま》鏡《かがみ》』に見えている。『吾妻鏡』は、この年の三月十七日に善光寺に土地を寄進して以降、時頼の動静をまったく記していない。あるいは、すでに体調を崩していたのかもしれない。

発病と回復の祈禱

十一月八日、『吾妻鏡』には時頼の病気の悪化を示唆する記事が登場する。時頼の病気回復のためにさまざまな祈禱がおこなわれた、というものである。まず、この日に等身大の千手観音菩薩像が供養された。この日以前に作り始めたはずであるから、時頼の発病もこの日よりかなり前、ということになる。また、『吾妻鏡』同日条は、尊家《そんけ》法印が延命護摩をおこない、北条義政《よしまさ》は一日のうちに等身薬師如来像を作らせて供養し、尊海《そんかい》法印は等身の薬師如来画像を携えて三島社に参籠するために出発した、と記している。ちなみに、現在も建長寺に伝わる千手観音菩薩坐像（神奈川県重要文化財）が、右に見える時頼の病気平癒のための像である、という説もある（建長寺編『建長寺』）。

十三日、時頼の病状が深刻な状態となったため、尊家法印が法華護摩をおこない、良《りょう》基《き》僧正は山ノ内の別荘で五穀を断って祈禱をおこなった。十五日には、良基僧正が不動護摩を始めた（『吾妻鏡』）。さまざまな祈禱を総動員して、時頼の病気治癒が祈られたのである。

危篤

しかし、祈禱の甲斐なく、十九日には時頼は危篤に陥り、最明寺《さいみょうじ》に付属する北亭に移ることを望んだ。心静かに臨終を迎えるため、ということで、被官の尾《び》藤《とう》太《た》景氏《かげうじ》（浄心）と宿屋《やどや》左衛門尉（最信）に命じて、人々が見舞いに駆けつけることを禁止させた。翌二十日早朝、時頼は最明寺北亭に移ったが、前日の命令を二人が固く守ったため、まことに静かであった。看病のためにそばに控える七人の被官のほかは、誰も出入りしなかった（『吾妻鏡』）。

死去

十一月二十二日、戌刻（午後八時ごろ）、時頼は最明寺北亭で息を引き取った。三十七歳であった。『吾妻鏡』が伝える臨終の様子は、以下のようである。時頼は、袈裟を着て椅子にのぼり、座禅をし、少しも動揺する気配を見せず、

業鏡《ごうきょう》高く懸ぐ　三十七年

絵巻に見る時頼往生の場面

巻二十六第四段，知恩院所蔵）

一槌に打砕して　大道坦然たり

という遺偈《ゆいげ》を唱えて亡くなった。

「業鏡」は生前のおこないを映し出す鏡、「坦然」はひろびろとしている様子のことである。

実は、この遺偈は時頼のオリジナルではなく、宋の禅僧 笑翁妙湛《しょうおうみょうたん》の遺偈の「七十二年」の語を「三十七年」に変えたものであった。時頼は笑翁の遺偈を借りて、自己の心境をあらわしたのである（鷲尾順敬『鎌倉武士と禅』）。いかにも勉強熱心な時頼らしい、とも言えよう。

ところで、鎌倉後期成立とされる『法然上人絵伝』（四十八巻伝）の巻二十六第四段には、『吾妻鏡』と少々異なる時頼往生の場面が描かれている。祢津宗伸氏によれば、この場面

時頼の臨終場面（「法然上人行状絵図」

は得宗被官諏訪《すわ》入道蓮仏《れんぶつ》が、法然の孫弟子にあたる敬西房信瑞《きょうさいぼうしんずい》に宛てた書状に基づくという。また祢津氏は、時頼が阿弥陀如来の画像を架けその前で合掌して往生したという点は『吾妻鏡』と異なるものの、袈裟をつけ椅子に坐して禅僧風の往生をしたということは『法然上人絵伝』でも前提となっており、内容は近似しているという。そして、時頼の信仰の多様性から考えて、禅宗に帰依しつつも往生の際に阿弥陀の画像を掛けても不思議はないとする（「『法然上人絵伝』における諏訪入道蓮仏」）。

　事実として時頼の往生の姿がどうであったか、確定することはできない。『法然上人絵伝』の絵も、後世の想像図ではある。ただ、すでに見たように、時頼の信仰にも阿弥陀信仰は含まれており、ありえないことではない。

『吾妻鏡』による臨終の様子

さて、『吾妻鏡』十一月二十二日条はさらに、時頼を賞賛して以下のように記す。「時頼は日ごろから武略をもって主君をたすけ、仁義をほどこして撫民をおこなった。そのため、天の意志にかない、人望を得た。臨終のときは、胸の前で手を重ねて、印を結び、口に偈を唱えて、即身成仏の様相を示した」と。市川浩史氏によると、胸の前で手を重ねるのは禅宗の作法であるが、印を結び即身成仏をしたという表現は、密教的なものであり、禅と密教の融合した信仰のありようを示すという（「時頼の卒伝を読む」）。

『吾妻鏡』は、続けて周囲の反応を記す。「北条（名越）時章《ときあき》・安達頼景《よりかげ》・武藤景頼《かげより》・二階堂行氏《ゆきうじ》・安達時盛《ときもり》らは、悲しみのあまり出家した。そのほか出家する御家人は数知れず、みな出勤停止の処分を受けた。北条（大仏）朝直《ともなお》も出家しようとしたが、長時に再三制止されて、思いを遂げることはできなかった」。

『吾妻鏡』は幕府の公的な歴史書であるから、多少の誇張はあるかもしれないが、御家人たちが競って出家しようとしたことは事実であろう。ただ、純粋に故人の死を哀しむ気持ちに加えて、得宗政権への忠誠を表明しようとする政治的思惑が潜んでいた可能性も否定できない。

葬儀と追悼

翌二十三日に時頼の葬儀がおこなわれ、二十四日には将軍宗尊親王が時頼の死を悼む和歌十首を詠んでいる。十二月十日には、「時頼の死去により御家人が出家しないように先日命令を下したのにもかかわらず、命令に背いて出家する者が多数あるという。出家した御家人を調べて報告するように」という幕府の命令が、諸国の守護に出されている（『吾妻鏡』）。時頼の死を悼む動きが、諸国の御家人たちのあいだに広がっていたことがわかる。生真面目で勤勉で少々煙たい存在ではあったが、幕府首脳部や御家人たちにとって時頼は、文字通り「頼」りとなる人物であったことをしみじみ感じたのであろう。その感情が、いわゆる「時頼廻国伝説」を生み出していくのである。

伝北条時頼墓（明月院）

　強力な庇護者を失った禅僧たちも、時頼の死を惜しんだ。文永《ぶんえい》元年（一二六四）正月、兀庵普寧《ごったんふねい》の依頼により、円爾弁円《えんにべんねん》は鎌倉に赴いて時頼供養のための説法をおこなっている（『聖一国師年譜』）。同じ年、宋に留学中の無象静照《むぞうじょうしょう》は、時頼の訃報に接して、その徳を讃え死を悼む言葉を残している（『無象和尚語録』）。

精力的な政治家にして、熱心な仏教信仰者であった時頼の死は、人々に大きな衝撃を与えたのであった。

二　妻と子

時頼の妻子については、これまでも一部の人々については言及してきたが、『北条氏系譜人名辞典』、川添昭二『北条時宗』などによりながら、あらためてすべての人物を概観してみよう。

まず、一人目の正妻は、延応《えんおう》元年（一二三九）に結婚した毛利《もうり》季光《すえみつ》の娘である。季光が宝《ほう》治《じ》合戦で三浦方についたため、離縁された。子があったかどうかは不明である。

二人目の正妻が、建長《けんちょう》元年（一二四九）に結婚した北条重時《しげとき》の娘で、時宗《ときむね》・宗政《むねまさ》・女子の母親である。この女性については、今野慶信氏の研究が詳しい（「『葛西殿』について」）。それによると、彼女は時頼死去後に出家して「葛西殿《かさいどの》」と呼ばれるようになり、叡尊《えいそん》・忍《にん》性《しょう》に帰依するいっぽう、摂津多田荘や駿河富士郡などの領主として豊富な財力を持ち、日中貿易にも関与していた。文保《ぶんぽう》元年（一三一七）十月十六日に八十五歳で亡くなっている（『武家年代記　裏書』）。

このほか、これから子供たちの項目で見るように、何人かの側室がいた。では、子供たちに移ろう。

時輔

宝治二年（一二四八）に生まれたのが、三郎時利、のちに改名して時輔《ときすけ》である。幼名は、宝寿。母は、将軍家に仕えた讃岐局《さぬきのつぼね》（三河局とも）という側室の女性で、時輔の死後は出家して「妙音」と名乗った。時輔は、文永元年（一二六四）より六波羅探題《ろくはらたんだい》をつとめるが、得宗家を継いだ弟の時宗に対する謀反を疑われ、文永九年（一二七二）に誅殺された。二十五歳であった。

時宗

二番目の男子が、太郎時宗、幼名正寿である。建長三年（一二五一）の生まれ、母は正妻重時の娘である。周知のように、時頼のあと得宗となり、連署・執権をつとめ、弘安《こうあん》七年（一二八四）に三十四歳で病死した。

宗政

四郎宗政は、建長五年（一二五三）の生まれ、幼名は宝寿、母は時宗と同じく重時の娘である。正妻の子であるため、時頼によって時輔より上位に位置づけられた。小侍所《こさむらいどころ》別当、評定衆《ひょうじょうしゅう》、引付頭人《ひきつけとうにん》、筑後守護、長門守護などをつとめ、弘安四年（一二八一）に二十九歳で死去した。

宗時

五郎宗時《むねとき》は、系図類にのみ見える人物で、生没年、母ともに不明。阿曽遠江守と号した。『吾妻鏡』等の史料には登場しない。

政頼

六郎政頼《まさより》は、生没年、母ともに不明。『吾妻鏡』では二回だけ登場する。

宗頼

七郎宗頼《むねより》は、生年は不明。幼名は「曼珠王」とされるが（『野津本北条系図』）、あるいは「曼寿」もしくは「萬寿」の当て字の可能性もある。川添昭二氏は、弘安《こうあん》八年九月の豊後国図田帳に見える「相模七郎殿母御前辻殿」が、宗頼の母のことと推測する（『北条時宗』）。時頼側室の一人であろうか。建治《けんじ》二年（一二七六）、周防・長門の守護となり、対モンゴル防備のために現地に下った。弘安二年（一二七九）、長門で死去。

時厳

時厳《じごん》は僧侶で、母は未詳。生年も不明であるが、応長《おうちょう》元年（一三一一）没で、「桜田禅師」と号した（『続群書類従　系図部』所収『北条系図』）。その子孫は桜田氏を称しており、もともと江戸氏の所領であったと思われる武蔵国荏原《えばら》郡桜田郷（現在の皇居桜田門付近から麻布周辺にひろがる地域）を、宝治合戦以後に北条氏が手中におさめ、時厳の一流が本拠としたと考えられている（西岡芳文「阿佐布門徒の輪郭」）。

女子

女子には、建長六年（一二五四）に、重時娘とのあいだに生まれた子がいるが、康元《こうげん》元年（一二五六）に三歳で病死した。

三　伝承の時頼

廻国伝説

時頼の生涯から人々が受けた強烈な印象は、やがてさまざまな伝説を生んだ。代表的なものが、時頼の「廻国伝説」と総称されるもので、出家後の時頼が旅の僧に姿を変えておしのびで諸国を回り、不当に困窮している人々を救う、という内容のものである。古くは南北朝時代の『太平記』・『増鏡《ますかがみ》』にあらわれ、それを基にして室町時代には『鉢の木』・『藤栄《とうえい》』・『浦上《うらかみ》』といった謡曲が作られ、江戸時代の『弘長記』・『北条九代記』などに受け継がれるという（石井進「北条時頼廻国伝説の真偽」）。

『鉢の木』のあらすじ

もっともよく知られている謡曲『鉢の木』のあらすじは、以下のようである。ある大雪の日、上野国で旅の僧がある家に一夜の宿を借りる。家の主人は、梅・桜・松の盆栽を薪にしながらもてなし、「自分は佐野源左衛門尉常世という御家人であるが、一族に所領を横領されてこのように落ちぶれてしまった。それでも鎌倉に一大事があれば。やせ馬にまたがり真っ先にかけつける覚悟である」と語る。それを聞いた旅の僧は、幕府に訴訟することもできるからと力づけて、翌朝旅立つ。後日、鎌倉に一大事あり、と幕府から動員令がかかり、駆けつけた常世は、あの旅の僧が時頼であったことを知る。時頼は常世が先日の決意を守ってかけつけたことをほめ、所領を返すとともに、盆栽にちなんだ梅田荘・桜井荘・松井田荘をほうびに与えたという。

廻国伝説は史実か

このような廻国伝説が事実であったかどうかについては、明治以来賛否両論があり、近年も佐々木馨氏がこれを史実であるとする見解を発表している（『執権時頼と廻国伝説』）。しかし、石井進氏が述べるように、一つ一つの伝説は事実とは認めがたく、廻国伝説は御家人保護や公正な裁判の実施などの時頼の政策を象徴的に表現したものと見るべきであろう（「北条時頼廻国伝説の真偽」、「新たな北条時頼廻国説の提起に思う」）。

松島についての伝承

廻国伝説のなかには、人々の救済とは離れて、禅宗寺院の創立に絡むものもある。松島（宮城県）の瑞巌寺《ずいがんじ》は、中世には円福寺という禅宗寺院であったのであるが、この寺の創建に関連する時頼の廻国伝説が存在している。瑞巌寺に伝わる『天台記』という史料には、宝治二年（一二四八）に、そのころはまだ天台宗寺院であった松島の延福寺を、時頼が修行僧に姿を変えておしのびで訪れた際の話が記されている。それによれば、時頼は祭礼の邪魔をしたとして天台系の僧侶たちに殺害されそうになるが危うくのがれ、近くの岩窟で法身《ほうしん》という禅僧と出会って語り合ったという。さらに、このときのできごとがきっかけで、時頼が天台の僧を強制的に排除して禅宗寺院円福寺に改めた、とされている。

時頼と法身が語り合ったという洞窟（瑞巌寺）

もちろん、宝治合戦直後の宝治二年に時頼が松島まで出かけたとは考えられないが、瑞巌寺の古文書を検討した入間田宣夫氏によれば、建長年間（一二四九〜五六）に時頼の保護の下で延福寺が禅宗円福寺に改められ、さらに弘長二年（一二六二）ごろには時頼の寄附によって関東御祈禱所（幕府将軍が特に信仰して保護する寺院）となったと見られるという。

そして、開山に迎えられた法身は、宋に渡って無準師範《ぶしゅんしばん》に学び、円爾弁円・兀庵普寧と同門となる人物で、その後に住持となったのは蘭渓道隆《らんけいどうりゅう》であった。さらに、その後の鎌倉時代の住持は、ほとんど蘭渓道隆の弟子であった（「中世の松島寺」）。入間田氏の指摘から判断すると、松島円福寺と時頼のあいだに密接な関係があったこと自体は、事実と認めてよいと思われる。

なお、近年の瑞巌寺本堂下の発掘調査により、円福寺の法堂の跡と思われる鎌倉時代の遺構が見つかり、注目を集めている。

伝承の背景にある禅宗の興隆

瑞巌寺(円福寺)の時頼伝説の背景には、時頼のバックアップによる禅宗の急速な進出という事実があったと見られる。それを裏づけるように、鎌倉時代後期の松島周辺では、円福寺の歴代住持や鎌倉建長寺と縁の深い禅僧が、北条氏所領内に寺院を開設していることが指摘される(七海雅人「霊場・松島の様相」、田中則和「多賀国府の変容」)。

津軽護国寺

津軽藤崎(青森県)にかつて存在していた護国寺についても、時頼廻国伝説が残されている。江戸時代に編纂された『津軽一統志』という記録によると、弘長二年(一二六二)に藤崎を訪れた時頼は、唐糸というかつての妾がこの地で自害したことを聞き、彼女の冥福を祈るために、荒廃していた寺院の跡を復興して禅寺に改め、「護国寺」と名づけて、蘭渓道隆を開山に迎えたという。入間田宣夫氏の研究によれば、南北朝時代には松島円福寺や鎌倉建長寺と密接な関係にある護国寺という禅の大寺院が津軽に存在したことは確実であり(「鎌倉建長寺と藤崎護国寺と安藤氏」)、おそらくは鎌倉時代後期に津軽に北条氏の後押しを受けた蘭渓道隆の弟子を住職とする禅宗寺院が創建され、その事実が時頼の廻国伝説に結びついたと思われる。
そのほかにも、山形県の立石寺《りつしゃくじ》（山寺）や、秋田県象潟《きさがた》の蚶満寺《かんまんじ》など、時頼の廻国をきっかけに禅宗寺院に改宗したと伝えられる寺院が、東北地方には存在している（佐々木馨『執権時頼と廻国伝説』）。

品川海晏寺

時頼が直接立ち寄ったということではなくても、時頼を開基とする禅宗寺院の伝承は多い。一例として、品川鮫洲《さめず》の海晏寺《かいあんじ》（東京都品川区。現在は曹洞宗）をあげてみよう。江戸時代の地誌『新編武蔵風土記』によれば、建長三年（一二五一）に品川沖に大鮫の死体があり、地元の漁師がさばいたところ、正観音の木像が出てきたので、これを聞いた時頼が寺院を建立して観音像を安置させ、蘭渓道隆を開山に迎えた。また、鮫を引き上げたあたりを、「鮫洲」と呼ぶようになったという。現在も寺の境内には、時頼の供養塔と伝えられる五輪塔が存在している。

建長寺を創建し、蘭渓道隆などの禅僧を保護した、禅宗の強力な庇護者としての時頼のイメージが、禅宗寺院関係の伝承の背景にあったと思われる。

教訓書の作者への仮託

時頼の真面目な性格と質素倹約に努めた行動などから、のちに時頼は人格者として理想化され、時頼の教訓と称する教訓書が創作されるようになった。島津氏重臣の上井覚兼《うわいかくけん》の日記の天正《てんしょう》十二年（一五八四）七月二十三日条に、時頼が時宗に与えた『直心抄《じきしんしょう》』とそれにともなう和歌をよんだと記されている。川添昭二氏によれば、『直心抄』とは、時頼に仮託された教訓書（実は北条重時の家訓『極楽寺殿御消息』と同じ内容）『直心集』のことで、この種の時頼仮託の教訓書は室町時代から見られ、教訓和歌とともに江戸時代に広く流通したという（『北条時宗』）。

たとえば、江戸時代初めに成立した安楽庵策伝《あんらくあんさくでん》著の仏教説話集『醒睡笑《せいすいしょう》』には、笑話の末尾に時頼作とする教訓和歌が添えられているものが見られる。巻之三「不文字」には、文字を知らぬ侍の話に添えて、「よみかきの　ことさらいるは　弓矢取り　急度注進　急度回文」という時頼作という和歌が記されているが、時頼がこのような狂歌風の歌を作ったとはとても考えられない。

さまざまな教訓書

このほか、著者を時頼に仮託した江戸時代の教訓書には、『最明寺殿教訓百首』、『最明寺殿子息時宗へ教訓のふみ』などがあるが、版本（印刷出版物）の形で出回り、寺子屋の手本などに使われた。どうやら、江戸時代までには、人生の教訓を与える人格者としての時頼、というイメージがすっかり定着していたらしい。これらの伝承はあくまでも事実とは異なるが、さまざまな僧侶に教えを請い、御家人を保護し、勤勉に政務に励んだ真面目人間時頼の姿が投影されているといえよう。

四　時頼の人物像

強腕政治家というイメージ

時頼の一般的なイメージは、ライバルを次々と倒して独裁政権の基礎を作った、肝のすわった強腕政治家であり、かつ禅宗を保護して発展させた人物、というものではないかと思う。たとえば石井進氏は、座談会の発言のなかで、時頼について、「相当水際立った強腕の持ち主」、「泰時は伝えられるところでは、非常な聖人君子なんですが、時頼はかなりあくどいことも平気でやっている」、「力の政治家」、「強引なことをやったので、その反省として宗教に行った」と評している。同じ座談会の場で、小説家の永井路子氏は、「時頼は二面性があって、小説に書くのは大変面白いけれど、ある意味では難しい。書いてみても、『いい人だか、悪い人だかわからない』なんていわれてしまいます」と述べている（石井進ほか「北条氏の執権政治と鎌倉」）。いわば、あくどいけれど文化人、といった感じである。

勤勉な真面目人間

しかし、時頼の生涯をたどってみると、「あくどい」というよりは、とにかく責任感が強く、素直で真面目、という点が時頼の一貫した性格の基本ではないかと思われる。あらゆる人の声にいちいち耳を傾け、それが良いことだと思えば、全力でそれに対処しようとする。執権就任後の時頼にとっては、泰時がめざしていた執権を中心とする幕府体制の安定のためにひたすら邁進することが、すべての行動の根底にあったのである。加えて、深刻な幕府の主導権争いのなかで執権の地位についた時頼にとっては、執権中心の政治体制を確立することが、そのまま自分の身を守ることでもあったので、全力を傾けざるをえなかったのである。

三浦氏や九条頼経《よりつね》・頼嗣《よりつぐ》などが、執権政治をおびやかすと見るや、全力をあげてこの勢力を押さえこもうとし、訴訟の公正・迅速化が必要と考えれば、役人たちにひたすら真面目につとめるよう口うるさく指示をする、といった具合であった。周囲にしてみれば、融通のきかない真面目人間ほど煙たいものはないのであって、時頼に接する人のなかには息のつまりそうな感じを受けた者もいたことであろう。

芸能への関心

ただ、時頼は朝から晩まで政治のことばかり考えていたわけではなく、さまざまな芸能にも関心を持っていた。時頼は、武芸などの芸能の振興にも心を配った。たとえば、『吾妻鏡』建長六年（一二五四）閏五月一日条は、次のように記している。将軍御所で酒宴があった際に、時頼が「近年は武芸が廃れて、武家の習いを忘れ、まことに不都合なことである。そこで、弓馬の芸については追って試すとして、とりあえず今日は相撲の試合をしようではないか」と提案し、将軍も賛成した。ところが、武士たちが逃げ出そうとしたり、辞退しようとしたりしたため、「逃れようとする者は永久に召し使わないぞ」と説得（脅迫?）した結果、十二人が試合にのぞんだ。勝ちと引き分けの者には剣や衣の褒美を与え、負けの者には大盃で三杯の酒を飲む罰が与えられ、まことにおもしろく壮観であったという。

蹴鞠への興味

『吾妻鏡』の建長六年十二月十二日条にも、評定終了後の御所での酒宴に時頼が参加したことが記されている。酒宴の場に魚や鳥が出されて、その場で御家人たちが包丁をとって料理し、その様子を時頼がたいそうおもしろがり、宴会は盛り上がって歌や舞まで飛び出した、と見えている。時頼が、さまざまな芸能に幅広く興味を持っていたことを示す記事である。

時頼は、一時期は蹴鞠《けまり》にもたいそう興味を持ち、鎌倉に下向していた蹴鞠の宗家である難波宗教《なんばむねのり》の弟子になり（『吾妻鏡』宝治二年十一月十三日条）、宗教から蹴鞠の秘伝の書を与えられている（同十六日条）。当時の鎌倉では、将軍の周辺を中心に蹴鞠が盛んで、師範の難波家と飛鳥井《あすかい》家が競合していたが、どちらかといえば難波家が重んじられていたようである（渡辺融・桑山浩然『蹴鞠の研究』）。これには、難波宗教の弟子となった時頼の意向も絡んでいたと思われる。

囲碁の嗜み

また、時頼は囲碁も嗜んでいることが知られる（同八月一日条）。のちに、弘長元年

(一二六一)二月三十日に『関東新制條々』という六十一ヵ条におよぶまとまった幕府の法令が出されるが、そのなかに「盗賊や放火は多くは博奕が原因であるから、たびたび禁止してきたが、なお違反するものがある。保《ほ》の奉行人や諸国の守護地頭に命じて、重ねて禁止させるように。ただし、囲碁・将棋は禁止しない」という条文があった(『中世法制史料集 第一巻』追加法三九四条)。「囲碁・将棋は禁止しない」というおまけが付いているのは、ひょっとすると当時の幕府の最高実力者であった時頼が囲碁を楽しんだことから、時頼の顔色を気にしてこのような法令になったということかもしれない(高橋慎一朗『武士の掟』)。

和歌に対する無関心

そのいっぽうで時頼は、和歌にはほとんど興味を示していない。もっとも、幕府(将軍頼嗣)主催の和歌会に参加したり(『吾妻鏡』宝治二年五月五日条)、将軍宗尊親王を自邸に迎えたおりに歌会を催してもてなしたりしていることから(『吾妻鏡』弘長元年七月十二日条)、和歌を作ったことは確かであるが、歌は一首も残されていない。祖父の泰時が和歌を嗜んだこととは、まったく対照的である。

『尊卑分脈《そんぴぶんみゃく》』のいくつかある写本のうちの一つに、時頼に「歌人、賦和歌百首」と注をつけているものがある。しかし、他の写本にはそれは一切見えず、北条一族きっての歌人である政村について「歌人」の注記がないなど、『尊卑分脈』における北条氏の歌人注記には不審な点がある。よって、まったく歌が残されていない時頼を、著名な歌人としてみなすことは難しい。

時頼が和歌を好まなかった理由について小川剛生氏は、執権が将軍の家政機関の長である以上、将軍家歌壇が活発に活動していれば、あえてこれと競合する形で和歌行事を催す必要を認めなかったのであろう、と推測している（『武士はなぜ歌を詠むか』）。

しかし、将軍宗尊親王は和歌だけでなく蹴鞠も好んでおり、時頼もまた蹴鞠には興味を持っていたことはどう説明すればよいのであろうか。実は、時頼自身が蹴鞠に関わった記事は宝治二年のみである。建長二年には時頼邸に出かけた将軍頼嗣が主催して、蹴鞠の会が開かれてはいるが、時頼自身が鞠を蹴ったわけではなかった（『吾妻鏡』同年三月二十六日条、五月十日条）。その後は時頼の蹴鞠関連の記事がまったく見られないことから、将軍主催の鞠会が頻繁におこなわれるようになると、時頼は蹴鞠からも遠ざかったと考えられる。つまり、蹴鞠についても、和歌と同様に、将軍の鞠会と時頼の鞠会が競合しないように、将軍にまかせたのである。くわえて、時頼は宗尊親王を中心とする文化的ネットワークからは、慎重に距離をおこうとしたとも考えられる。

書

当時の上層武士が備えるべき教養の一つとして、時頼も当然ながら書を習っていたと思われる。時頼の書にからむ話として、正嘉《しょうか》二年（一二五八）二月の兄経時《つねとき》の十三回忌に関する記事を見てみよう。このときおこなわれた法華経書写では、一巻を時頼自身が書写し、残り七巻を九条教家《のりいえ》の書風を習った者に書写させた。それは、時頼も経時も、ともに教家の書風を好んだからであった（『吾妻鏡』同月十九日条）。教家は九条道家《みちいえ》の弟で、曾祖父藤原忠通《ただみち》に始まるとされる「法性寺様《ほっしょうじよう》」の著名な書家であった。当時の主要な書風としては優雅な世尊寺様《せそんじよう》と、どちらかといえば自由でくせの強い法性寺様があったが、北条得宗家周辺では法性寺様のほうが好まれていたようである。

時頼は、公家風の教養といえる漢詩文にも親しんでいた。平安時代の代表的漢詩文集『本朝文粋《ほんちょうもんずい》』を所持し、儒学者で引付衆もつとめた清原教隆《きよはらのりたか》に読解の手助けとなる符号を付けさせていたことが知られ、この本は時宗に伝えられたらしい。さらに、『本朝文粋』の続編にあたる『本朝続文粋』もまた、時頼から時宗に譲られたと推定されている（川添昭二『北条時宗』）。

このように、時頼は広く芸能の興隆にも気を配っていたのであるが、我を忘れてのめりこむということはなかった。上に立つ者の心得として、ひと通り身につけておかねばならない、という気持ちが強かったのであろう。また、時頼には、どうもユーモアのセンスというものはあまり感じられない。仕事に関しては信頼できるが、個人的におつきあいするのはちょっとご遠慮したい、真面目な優等生タイプ、というところであろうか。

気配りの人

そのいっぽうで、時頼には、できればすべての人の顔を立てて穏便にすませたい、という「気配りの人」の側面もあった。他人の言葉に真剣に耳を傾ける、ということと同じところから発する性格とも言えよう。時頼はさまざまな人の意見を聞き、素直に受け入れようとする傾向があったが、とりわけ北条重時の存在は大きかったと言える。時頼の政局運営のかなりの部分で、重時の助言が生かされていたと見られる。また、時頼がさまざまな仏教宗派の僧に帰依したのも、良いと思うことを次々と吸収していったからであろう。

しかし、そうした時頼の性格はまた、政治的な面においては、対立する立場の者たちにも配慮して、強引に切り捨てることはなかなかできない、という弱気な一面も抱えることにつながったのである。したがって、真面目にある政策の実現に全力でとり組もうとすればするほど、逆に反対者を切り捨てざるえないことになり、そこに矛盾が生じる。政争のなかを生き延びなければならないという緊張感も重なり、さぞかしストレスの多い一生だったのではなかろうか。

宝治合戦のトラウマ

特に、宝治合戦で三浦氏以下の有力御家人たちを攻め滅ぼすこととなったことは、結果としては体制の安定が実現できたのではあるが、だまし討ちに近い成り行きであったこともあって、時頼の深い心の傷となったと想像される。

無住の目にうつった時頼像

さて、同時代の人々の眼には、時頼の一生はどのように映っていたのだろうか。一例として、無住道暁《むじゅうどうぎょう》の説話集『雑談《ぞうたん》集』に注目してみたい。無住は、御家人梶原氏の子孫で、嘉禄《かろく》二年(一二二六)十二月に生まれている。つまり、時頼よりも半年ほど年長ということになる。若くして出家して、時頼とも縁の深い禅僧の円爾弁円の弟子となり、尾張の長母寺《ちょうぼじ》に長く住み、正和《しょうわ》元年(一三一二)に没した。説話集『沙石《しゃせき》集』などの作者として知られ、『雑談集』は晩年の嘉元三年(一三〇五)ごろに成立した作品である。

無住は、武士の一族の出身であるとともに、時頼と同じ時代を生きたということもあって、時頼に親近感を持っていたようで、『雑談集』巻三で自分の生涯を回顧するなかで、しきりに時頼と自分を比較している。それによれば、「時頼は先祖代々続く家を継ぎ、権勢は国王・大臣に勝り、万人が彼に従った。しかし、人生の優劣は境遇によるのではなく、心の持ちようによって決まる。自分は、時頼に比べて、心が満たされることを多く体験している。長生きして学問を続け、諸国のさまざまな寺社を、思う存分参詣して回っている。時頼の所領は十万町であったというが、自分の寺の所領は十町ばかりで、ひどく劣っている。それでも、心の持ちようでは、自分のほうが勝っている。なぜなら、時頼は自分の所領以外へは自由に遊びに行けないし、自分の所領も巨大すぎてすべて見尽くすことはできない。それに対して自分は、どこの国へも遊行《ゆぎょう》してまわり、

建長５年　宝治２年　宝治元年　寛元４年　仁治３年

時頼の花押（『花押かがみ』）

自由自在に生きていける。所領も、決して多すぎるということはないからだ」という。

無住は、時頼が強大な権勢を誇っていながらも、自由がなく、窮屈な人生を送ったと見ているようである。ただし、無住の文章からは、時頼を批判するというよりはむしろ、同情するといった雰囲気が感じられる。無住はまた、「時頼が三度の難を逃れて、無事に一生を全うできたのは、仏教に帰依して、寺院を建立したり僧侶を保護したりしたからである」とも述べている。無住の眼には、時頼が仏教を深く信仰した人物であるとともに、「三度の難」つまり政争に起因する三回の危機をぎりぎりのところで逃れた幸運の人、と映っていたのである。この三度の危機について無住は詳しくは記していないが、寛元・宝治・建長の政変にあたるものであろう。

時頼の花押の特色

ところで、中世の人々は、人生の転機において花押《かおう》（サイン）を変えることがしばしば見られた。ここで、時頼の花押の変遷を、『花押かがみ　三』によって見てみたい。これを見ると、執権就任後の寛元四年ごろに変化し、さらに宝治合戦後の宝治元年にわずかに変化し、以後はほぼ同じ形となっている。執権就任が時頼の人生の一大転機であったことが、花押の形からも確かめられるということである。また、宝治合戦以降、微妙ではあるが形がこぢんまりと、引き絞られるような傾向が見られるのは、宝治合戦がもたらした自責の念から、より禁欲的に生きようとしたしるし、と見ることもできるかもしれない。ちなみに、佐藤進一氏によれば、時頼の花押は、いずれも「頼」の字のくずしを基本とし、時政《ときまさ》の花押にならったデザインにより作られているという（『増補　花押を読む』）。全体として、奇をてらったところがなく、安定したデザインと言えよう。

先にも触れたが、時頼が兀庵普寧の指導により弘長二年（一二六二）に悟りを得た際に漏らした言葉が示唆的である。時頼は、「私が二十一年のあいだ朝夕望み続けてきたことを、今この一瞬にすべて手に入れた」と語ったのである（『東巌安禅師行実』）。橋本雄氏によれば、この言葉は、祖父泰時《やすとき》の死以来の足かけ二十一年、執権の後継争いなどの政争の荒波を受けて、時頼が自身の心の平安を求め続けてきたことを意味するという（「北条得宗家の禅宗信仰をめぐって」）。

これを踏まえると、時頼がさまざまな僧侶から熱心に教えを受けようとしたのは、人々の声に素直に耳を傾けるという生来の性格もあろうが、政治的な緊張状態が続くなかで、心の救いを求めてあれこれ模索した結果であったと考えられる。繰り返される対抗勢力からの攻撃に身の危険を感じながらも、良き政治家、良き人間であろうとし続け、幕府の体制の安定をめざし、わが子時宗の政権が盤石となるように布石を打ち、時頼は非常にストレスの多い人生を送った。時頼が比較的若くして亡くなったのも、過度のストレスの連続が遠因となったのではなかろうか。

振り返れば、時頼の一生は、まことに苦悩の多い人生を全力で駆け抜けた、短くも濃密な三十七年間であった。

北条氏略系図

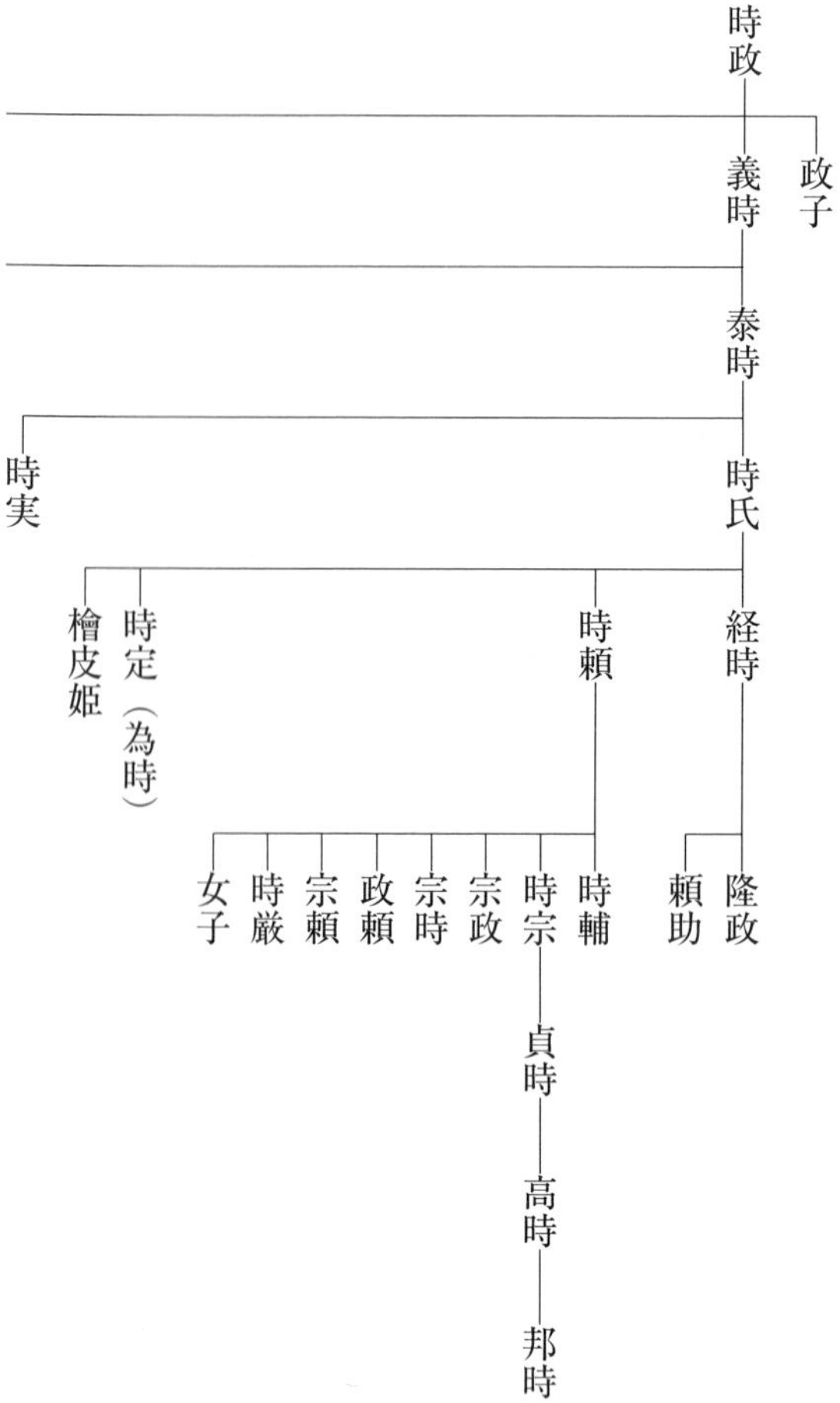

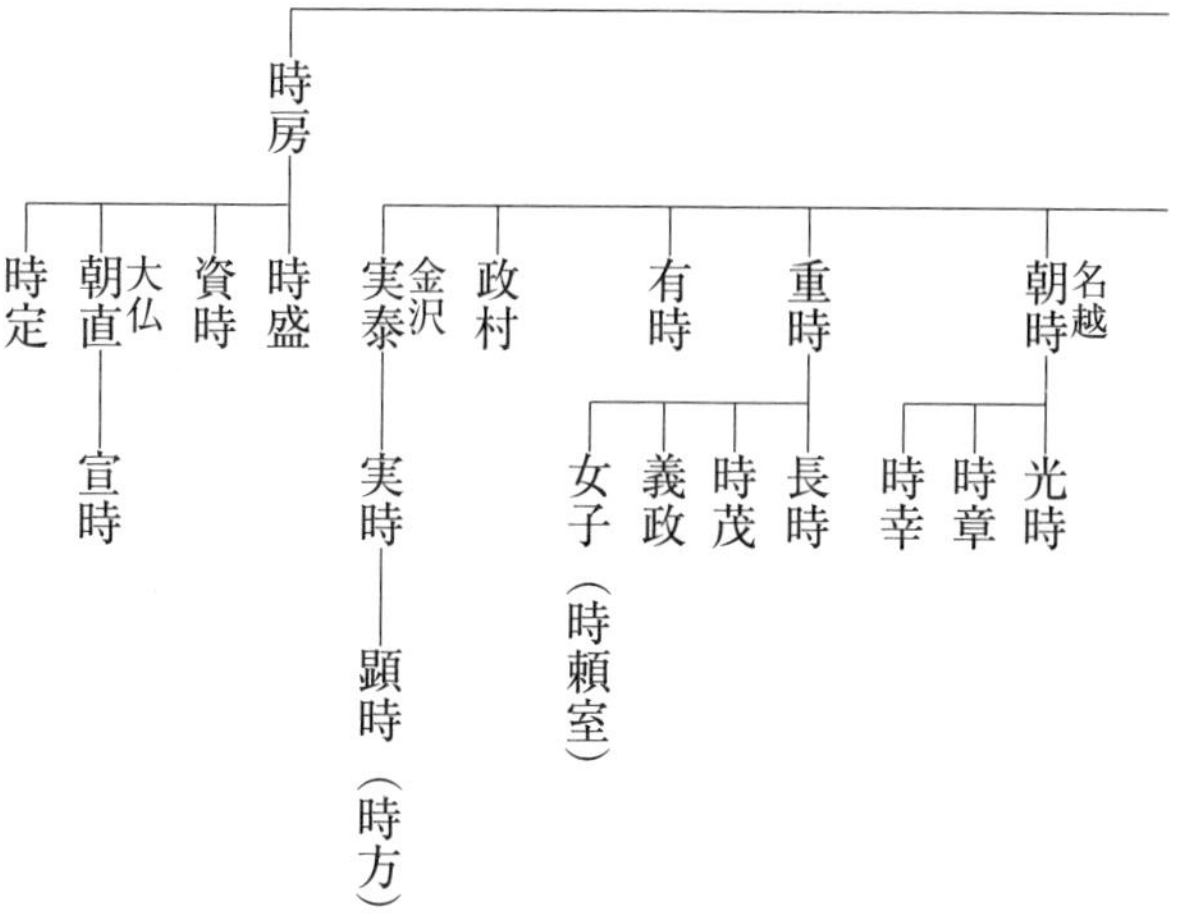
時房
時盛
資時
大仏 朝直
時定
宣時
金沢 実泰
実時
顕時（時方）
政村
有時
重時
長時
時茂
義政
女子（時頼室）
名越 朝時
光時
時章
時幸

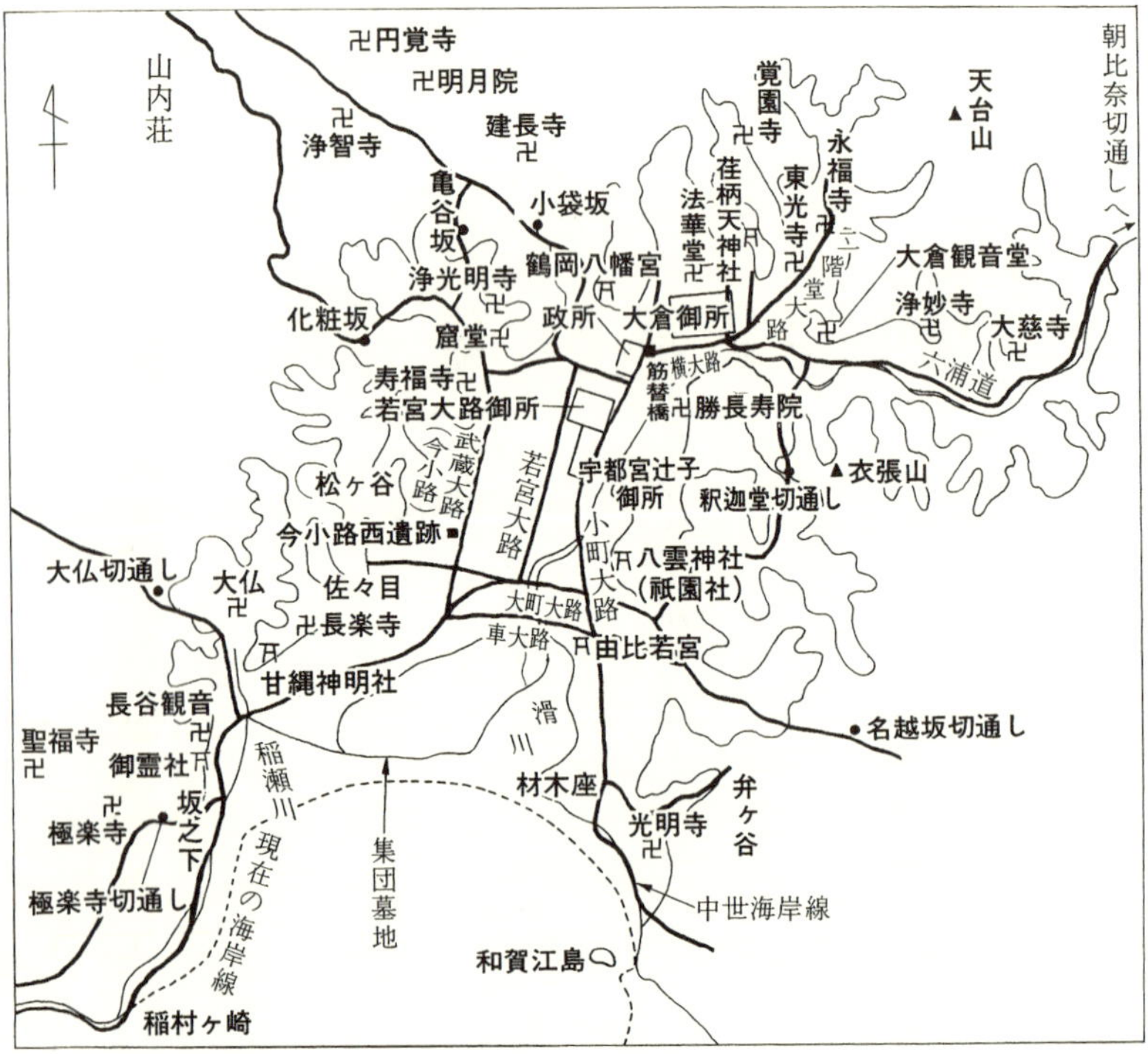

円覚寺
明月院
建長寺
浄智寺
山内荘
亀谷坂
小袋坂
浄光明寺
鶴岡八幡宮
化粧坂
窟堂
政所
大倉御所
寿福寺
若宮大路御所
松ヶ谷
今小路西遺跡
武蔵大路
今小路
若宮大路
宇都宮辻子御所
小町大路
覚園寺
荏柄天神社
法華堂
東光寺
永福寺
天台山
朝比奈切通しへ
大倉観音堂
浄妙寺
大慈寺
二階堂大路
六浦道
横大路
筋替橋
勝長寿院
衣張山
釈迦堂切通し
八雲神社
(祇園社)
大仏切通し
大仏
佐々目
大町大路
長楽寺
車大路
由比若宮
甘縄神明社
長谷観音
聖福寺
御霊社
坂之下
極楽寺
極楽寺切通し
稲瀬川
現在の海岸線
集団墓地
滑川
材木座
名越坂切通し
光明寺
弁ヶ谷
中世海岸線
和賀江島
稲村ヶ崎

鎌倉の地図

略年譜

和暦	西暦	年齢	事項	参考事項
安貞元	一二二七	一	五月十四日、京都六波羅にて誕生。幼名戒寿	六月十八日、叔父時実、家人高橋二郎に殺害される
二	一二二八	二		この年、時氏、若狭守護となる○このころ、弟時定生まれる
寛喜二	一二三〇	四	三月二十八日、父母とともに鎌倉へ下向	三月十一日、北条重時、六波羅へ派遣される○六月十八日、父時氏死去○八月四日、三浦泰村室（北条泰時女）死去○この年、妹（檜皮姫）生まれる
文暦元	一二三四	八		三月五日、経時元服
二	一二三五	九	二月、明王院一切経供養。親鸞と遭遇か	
嘉禎二	一二三六	一〇		八月四日、若宮大路御所竣工
三	一二三七	一一	四月二十二日、元服○六月一日、幕府下文を祖母矢部禅尼に届ける役をつとめる○七月十九日、海野幸氏から流鏑馬射礼を習う○八月十六日、鶴岡八幡宮の流鏑馬をつとめる	

暦仁元	一二三八	一二	正月二日、幕府垸飯で馬の引き手役をつとめる○九月一日、左兵衛少尉に任じられる	この年、将軍頼経上洛、泰時・経時ら随行
延応元	一二三九	一三	十一月二日、毛利季光の娘と結婚	この年、甥（経時男）隆時（のち出家して隆政）生まれる
仁治二	一二四一	一五	七月六日、経時とともに鶴岡八幡宮百度詣をおこない、泰時病気平癒を祈る○十一月二十九日、小山氏と三浦氏喧嘩の際の態度を、泰時より賞せられる○十二月五日、精勤を賞され泰時より所領を与えられる	
三	一二四二	一六	十月、得宗領を安堵する文書を発給	正月二十日、後嵯峨天皇践祚○六月十五日、泰時死去○六月十六日、経時執権就任
寛元元	一二四三	一七	六月十五日、粟船にて泰時一周忌に参列○閏七月二十七日、従五位下となり左近衛将監に任じられる	六月十六日、木造の鎌倉大仏完成
二	一二四四	一八	正月二十一日、将軍頼経二所詣に随行○三月六日、従五位上に叙される○十二月二十六日、鎌倉火災、政所・経時邸・時頼邸等延焼	四月二十八日、頼経将軍辞職、頼嗣就任○この年、甥（経時男）頼助生まれる
三	一二四五	一九	六月二十七日、経時・時頼、各々新造邸宅に入居○十月十九日、由比ヶ浜大鳥居建立につき臨検する	七月五日、前将軍頼経、久遠寿量院にて出家する○七月二十六日、妹檜皮姫、将軍頼嗣に嫁ぐ
四	一二四六	二〇	三月二十三日、執権就任○五月、寛元の政変○七	正月二十九日、後深草天皇践祚○四

			月十一日、前将軍九条頼経を京都へ送還する○八月二十七日、九条道家の関東申次更迭を院へ要求○九月一日、三浦泰村を招き政務につき談合する○九月十二日、近習番を置き、不参者の罰則を設ける○九月二十七日、薬師如来像の祈禱を隆弁に命ずる○十月九日、如意輪法・大般若経真読を執行する○十月十三日、京都の篝屋を停止する○同日、頼朝法華堂に参詣	月十九日、経時出家○閏四月一日、経時死去（享年二十三）○十一月三日、院評定がはじめておこなわれる○十二月十二日、頼経より書を時頼に送る○この年、蘭渓道隆、宋より来り、博多円覚寺に入る
宝治元	一二四七	二	二月十六日、駿河伊賀留美郷の田地を走湯山に寄進○三月二十日、経時一周忌に参列○四月二十五日、鶴岡新宮を創建し後鳥羽上皇を祀る○五月六日、三浦泰村の子駒石丸を養子とする○六月五日、宝治合戦○六月二十七日、隆弁の功労を賞して鶴岡八幡宮別当に任ずる○七月一日、御所の番衆を再編成する○七月七日、評定衆・奉行人を饗応する○七月二十七日、北条重時を連署に任ずる○八月一日、執権・連署以外の八朔贈答を禁止する○八月五日、京都大番役精勤を命ずる○八月八日、走湯山に駿河伊賀留美郷の年貢を寄進○八月九日、邸宅を修理する○八月二十日、鎌倉保奉行人に浮浪人追放を命ずる○九月十三	正月十九日、摂政一条実経を罷免し、近衛兼経を任命する○五月十三日、頼嗣室（檜皮姫）死去

			日、頼朝法華堂仏事に参詣する○十一月一日、地頭支配地における名主の訴訟を幕府が受理することを決定する○十一月十一日、八田知定に追加で宝治合戦の恩賞を与える○十二月二十九日、京都大番役の編成替えを定める	
宝治二	一二四八	二二	二月五日、永福寺修造を決定する○三月八日、願文を諏訪社に奉納する○三月二十日、雑人訴訟に関し定める○三月二十九日、経時三回忌を執行する○四月二十九日、鎌倉中の商人の数を定める○五月二十八日、時輔誕生。幼名宝寿○七月二十九日、西国御家人保護の法令を出す○十一月十三日、難波宗教の蹴鞠の弟子となる○十一月十六日、難波宗教より蹴鞠の秘伝の書を与えられる○十一月二十九日、宝治合戦の恩賞による地頭に対し、年貢完納等を命ずる○十二月、蘭渓道隆を常楽寺の住持に迎える○閏十二月十三日、頼朝法華堂・義時法華堂の恒例仏事に参詣する○閏十二月二十一日、上皇に徳政実施を申し入れる	五月十八日、安達景盛死去
建長元	一二四九	二三	六月十四日、相模守に任じられる○十一月二十三日、永福寺供養を執行する○十二月九日、引付を設置する○この年、北条重時の娘と結婚する○こ	二月一日、閑院内裏焼失

の年、建長寺の建立を始める

二	一二五〇	二四	一月二十八日、罹病する○二月二十六日、将軍頼嗣の文武の師範を選び近侍せしめる○三月一日、閑院内裏造営の役負担を決定する○三月十六日、鎌倉の保奉行に命じて浮浪人を追放せしめる○四月二日、引付の手続き簡略化や開始時刻等を定める○四月十六日、証菩提寺の修理をおこなう○四月二十日、鎌倉中の庶人の武装夜行を禁止する○四月二十九日、雑人訴訟に紹介状の提出を義務づける○五月二十七日、将軍頼嗣に『貞観政要』写本を献ずる○六月、山ノ内および六浦の道路を補修する○七月十一日、勝長寿院の法会に参列○八月二十七日、妻の安産を祈る○九月十日、引付、問注所等に式条遵守を命ずる○九月十八日、雑人訴訟の敗訴者に橋の修理代を課す○九月二十六日、時頼邸火災○十一月二十九日、諸国守護に命じ鷹狩りを禁止する○十二月三日、佐々木泰綱の子を召して元服せしめる○十二月八日、大倉薬師堂に参詣、妻安産を祈る○十二月十三日、時頼妻着帯○十二月二十七日、将軍近習の結番を定める○十二月二十九日、頼朝・実朝・政子・泰時の墳墓を	二月二十三日、隆弁、園城寺の再興を幕府に訴える○十二月二十三日、時頼側室三河局、時頼邸から移される

			巡拝する	
建長三	一二五一	二五	正月八日、薬師像を鋳造、真読大般若経を修し、妻安産を祈る○正月十七日、放光仏像を供養し妻の安産を祈る○正月二十一日、百日泰山府君祭を修し、妻の安産を祈る○二月十日、二条良実に書状を送る○四月十三日、鶴岡別当隆弁を武蔵鷲宮に遣わし妻の安産を祈らせる○五月一日、妻の産所を安達氏甘縄邸に設ける○五月十五日、嫡子時宗誕生○六月五日、三方引付を六方に改める○六月二十七日、閑院内裏へ遷幸、それに伴い正五位下に叙される○十月八日、新造の小町邸に移る○十月二十一日、時宗五十日百日儀○十一月八日、建長寺事始め○十一月二十九日、大般若経真読を自宅でおこなう○十二月三日、鎌倉の商業区域を定める○十二月十二日、自邸にて大般若経転読をおこなう○十二月二十六日、了行らを逮捕	正月十日、閑院内裏上棟○五月二十一日、時宗七夜儀○六月二十七日、頼嗣、従三位となる○十二月二日、足利泰氏出家○この年、浄光明寺創建
四	一二五二	二六	正月七日、鎌倉中騒動、幕府および執権邸に武士が集結する○二月十日、保奉行に鎌倉の道路等につき命令する○二月十二日、如意輪法を修して幕府の平安を祈願する○二月二十日、宗尊親王を将軍とすることを請う使者を京へ派遣する○三月十	二月二十一日、九条道家没○三月十七日、院御所において宗尊親王下向を決定する○三月十九日、宗尊親王、京都を出発○四月一日、宗尊親王、将軍に補される。同日鎌倉着○四月

			六日、宗尊親王下向を祈願する○四月三十日、引付を五方とする○九月三十日、沽酒禁令を発する○十一月十三日、御家人の勤務評定をおこなう	二日、前将軍頼嗣、鎌倉を出発○八月十七日、鎌倉大仏の鋳造開始○九月二十五日、鶴岡八幡宮大仁王会おこなわれる○十一月十一日、宗尊親王、新造の御所に入る
五	一二五三	二七	正月二十八日、宗政誕生○九月十六日、関東御家人と鎌倉住人に新制発布○十月一日、諸国地頭代に対し、撫民の法を出す○十月十一日、薪炭等の価格を定める○十一月二十五日、建長寺落成し供養する	二月、金沢実時、評定衆となる○八月二十八日、道元没○十一月二十九日、諏訪盛重、山ノ内に仏堂を建立する
六	一二五四	二八	三月七日、鶴岡八幡宮にて大般若経供養をおこなう○四月十二日、聖福寺の建立を開始○四月二十八日、鎌倉中の雑人・非御家人の不法行為を取り締まる○四月二十九日、唐船制限令を出す○閏五月一日、宗尊親王近臣の武芸怠慢を誡める○六月三日、安達義景一周忌に際し法華八講をおこなう○六月十五日、粟船にて泰時十三回忌供養をおこなう○十月六日、女子誕生○十月十日、保奉行に法令の励行を命ずる○十月十七日、薪炭等の価格統制の廃止○この年、寿福寺止住の円爾弁円より受戒する○この年、大休正念に招請状を送る	十一月二十一日、足利義氏没

建長七	一二五五	二九	二月二十一日、建長寺梵鐘を鋳造する○八月十二日、鎌倉中における盗品の質入れを禁止する	
康元元	一二五六	三〇	七月ころ、最明寺建立○九月十五日、赤斑瘡に罹る○十月十三日、幼女没○十一月三日、赤痢に罹る○十一月二十二日、執権を長時に譲る○十一月二十三日、出家○十一月三十日、逆修をおこなう	三月十一日、北条重時、連署を辞し、出家○三月三十日、政村連署就任○四月十日、矢部禅尼（時頼祖母）没○八月十一日、九条頼経没○同日、時輔元服○八月ごろ、日蓮、鎌倉に進出○九月二十四日、九条頼嗣没
正嘉元	一二五七	三一	閏三月十八日、金泥大般若経を鶴岡八幡宮に奉納する○四月十五日、大般若経を伊勢神宮に奉納○十月一日、大慈寺修理完成の供養○十一月二十三日、山ノ内邸にて北条実時嫡子を元服させる○十一月二十八日、武蔵横沼郷を大慈寺釈迦堂領に寄進する○この年、円爾弁円を鎌倉に招く	二月二十六日、時宗元服○三月二十七日、園城寺衆徒、戒壇許可を求めて強訴○八月二十三日、鎌倉大地震
二	一二五八	三二	二月十三日、最明寺において経時十三回忌法要を営む○三月二十日、矢部禅尼の三回忌を建長寺にておこなう○三月二十三日、経時十三回忌法要を佐々目谷の墓地でおこなう	四月二十五日、時輔、小山長村の娘と結婚
正元元	一二五九	三三		五月二十二日、閑院内裏焼亡○十一月二十六日、亀山天皇践祚○この年、宗政元服か

文応元	一二六〇	三四	二月五日、近衛兼経の娘宰子を猶子となす○同日、高野山にて長日供養法をおこなわせる	正月十七日、院御所に落書あり○正月二十日、園城寺の戒壇勅許、取り消される○二月、時宗、小侍所担当となる○三月ころ、良忠、鎌倉に入る○三月二十一日、近衛宰子、宗尊親王に嫁ぐ○七月十六日、日蓮、時頼に『立正安国論』捧呈○八月二十七日、日蓮の松葉ヶ谷草庵焼き討ちされる○この年、兀庵普寧来日
弘長元	一二六一	三五	正月四日、子息の序列を定める○二月三十日、関東新制條々の発布○このころ、日蓮を伊豆に配流	四月二十三日、時宗、安達義景の娘と結婚○五月十二日、日蓮の草庵が襲撃される○六月二十二日、三浦泰村の弟良賢を捕らえる○十一月三日、北条重時没
二	一二六二	三六	三月八日、叡尊と対面○六月十八日、叡尊から斎戒を受ける○六月二十九日、引付を三方とする○七月～八月ころ、叡尊から菩薩戒を受けたか○十月五日、叡尊に書状を送る○十月十六日、兀庵普寧の指導により悟りを得る	二月二十七日、叡尊、鎌倉に到着○春ごろ、蘭渓道隆、京に上り建仁寺住持となる○八月十五日、叡尊、鎌倉から奈良西大寺に帰着○十一月二十八日、親鸞没
三	一二六三	三七	二月二十二日、日蓮の流罪を赦免する○三月十七日、信濃深田郷を善光寺に寄進する○八月二十五	正月九日、経時子隆政没○八月十四日、鎌倉暴風雨○八月二十七日、鎌

	日、諸国大風により将軍上洛を中止する○同日、病気回復のための大般若経真読がおこなわれる○十一月八日、病気回復のため、種々の祈禱をおこなう○十一月十九日、危篤となり、最明寺北亭に移る○十一月二十二日、没	倉再び暴風雨

参考文献

主要史料

『吾妻鏡』（新訂増補国史大系）　吉川弘文館
『花押かがみ　三　鎌倉時代二』（東京大学史料編纂所編）　吉川弘文館
『鎌倉遺文』（竹内理三編）　東京堂出版
『鎌倉年代記　武家年代記　鎌倉大日記』（増補続史料大成）　臨川書店
『関東往還記』（細川涼一訳注・東洋文庫）　平凡社
『公卿補任』（新訂増補国史大系）　吉川弘文館
『建長寺史　編年史料編　第一巻』（建長寺史編纂委員会編）　大本山建長寺
『昭和定本日蓮聖人遺文』（立正大学日蓮教学研究所編）　総本山身延久遠寺
『尊卑分脈』（新訂増補国史大系）　吉川弘文館
『大日本史料　第五編』（東京大学史料編纂所編）　東京大学出版会
『中世法制史料集　第一巻　鎌倉幕府法』（佐藤進一・池内義資編）　岩波書店

著書・論文

秋山哲雄「若狭国守護職をめぐって」(『北条氏権力と都市鎌倉』) 吉川弘文館 二〇〇六年
秋山哲雄「都市鎌倉における北条氏の邸宅と寺院」(『北条氏権力と都市鎌倉』) 吉川弘文館 二〇〇六年
秋山哲雄「都市鎌倉における永福寺の歴史的性格」(阿部猛編『中世政治史の研究』) 日本史史料研究会 二〇一〇年
浅見龍介「鎌倉大仏の造立に関する一試論」(『MUSEUM』五四三号) 一九九六年
網野善彦『蒙古襲来』(網野善彦著作集 第五巻) 岩波書店 二〇〇八年
石井進・笠松宏至・永井路子「北条氏の執権政治と鎌倉—泰時・時頼を中心に—」(永井路子『きらめく中世 歴史家と語る』) 有隣堂 一九九五年
石井進「新たな北条時頼廻国説の提起に思う」(『日本歴史』六〇〇号) 一九九八年
石井進「北条時頼廻国伝説の真偽」(『別冊歴史読本 もののふの都 鎌倉と北条氏』) 新人物往来社 一九九九年
石井進『鎌倉びとの声を聞く』 日本放送出版協会 二〇〇〇年
石井進「文献からみた中世都市鎌倉」(『石井進著作集 第九巻 中世都市を語る』) 岩波書店 二〇〇五年

市川浩史「北条時頼の祈禱」（『吾妻鏡の思想史―北条時頼を読む―』）吉川弘文館　二〇〇二年
市川浩史「蘭渓道隆」（『吾妻鏡の思想史―北条時頼を読む―』）吉川弘文館　二〇〇二年
市川浩史「兀庵普寧」（『吾妻鏡の思想史―北条時頼を読む―』）吉川弘文館　二〇〇二年
市川浩史「時頼の卒伝を読む」（『吾妻鏡の思想史―北条時頼を読む―』）吉川弘文館　二〇〇二年
稲葉伸道「新制の研究―徳政との関連を中心に―」（『史学雑誌』九六編一号）　一九八七年
今枝愛真「円爾と蘭渓道隆の交渉―往復書簡を通して見たる一考察―」（今枝愛真編『禅宗の諸問題』）雄山閣　一九七九年
入間田宣夫「中世の松島寺」（渡辺信夫編『宮城の研究　第三巻』）清文堂出版　一九八三年
入間田宣夫「鎌倉建長寺と藤崎護国寺と安藤氏」（小口雅史編『津軽安藤氏と北方世界』）河出書房新社　一九九五年
上杉和彦「鎌倉将軍上洛とその周辺」（『古代文化』四三巻一一号）　一九九一年
薄井和男「大井町最明寺の北条時頼像について」（『鎌倉』八一号）　一九九六年
上横手雅敬『北条泰時』（人物叢書）吉川弘文館　一九五八年
上横手雅敬「鎌倉大仏再論」（『権力と仏教の中世史―文化と政治的状況―』）法蔵館　二〇〇九年

上横手雅敬・元木泰雄・勝山清次　『日本の中世8　院政と平氏、鎌倉政権』　中央公論新社　二〇〇二年
海老名　尚「北条得宗家の禅宗受容とその意義」（『北海史論』）　二〇〇〇年
大久保道舟「鎌倉行化に関する二三の考察」（『道元禅師伝の研究』）　岩波書店　一九五三年
太田博太郎「五山の建築」（『社寺建築の研究』）　岩波書店　一九八六年
大塚紀弘「唐船貿易の変質と鎌倉幕府―博多綱首の請負から貿易使の派遣へ―」（『史学雑誌』一二一編二号）　二〇一二年
大橋俊雄「良忠の東国進出と鎌倉蓮華寺」（『三浦古文化』一七号）　一九七五年
大三輪龍哉「鎌倉時代の浄光明寺」（大三輪龍彦編『浄光明寺敷地絵図の研究』）　新人物往来社　二〇〇五年
岡　邦信「引付制成立前史小考」（『中世武家の法と支配』）　信山社　二〇〇五年
岡部長章「北条時頼の納経願文に引用されたる中国の二故事について―特に杭州刺史と零陵太守とについて―」（『歴史地理』八三巻四号）　一九五三年
小川剛生『武士はなぜ歌を詠むか―鎌倉将軍から戦国大名まで』　角川学芸出版　二〇〇八年
小口雅史「津軽曽我氏の基礎的研究」（『弘前大学国史研究』八九号）　一九九〇年
奥富敬之『鎌倉北條氏の基礎的研究』　吉川弘文館　一九八〇年
奥富敬之『鎌倉北条一族　新版』　新人物往来社　二〇〇〇年

小野塚充巨「中世鎌倉極楽寺をめぐって」(竹内理三先生喜寿記念論文集刊行会編『荘園制と中世社会』) 東京堂出版 一九八四年
筧　雅　博「饗応と賄」(『日本の社会史　第四巻　負担と贈与』) 岩波書店 一九八六年
筧　雅　博『蒙古襲来と徳政令』(日本の歴史一〇) 講談社 二〇〇一年
鎌倉市史編纂委員会編『鎌倉市史　社寺編』 吉川弘文館 一九五九年
川　添　昭　二「鎌倉仏教と中国仏教—渡来禅僧を中心として—」(『対外関係の史的展開』) 文献出版 一九九六年
川　添　昭　二「鎌倉時代の対外関係と文物の移入」(『日蓮とその時代』) 山喜房佛書林 一九九九年
川　添　昭　二「日蓮遺文に見える北条氏」(『日蓮とその時代』) 山喜房佛書林 一九九九年
川　添　昭　二『北条時宗』(人物叢書) 吉川弘文館 二〇〇一年
川　添　昭　二「博多円覚寺の開創・展開—対外関係と地域文化の形成—」(『市史研究　ふくおか』創刊号) 二〇〇六年
菊　池　紳　一「北条長時について」(北条氏研究会編『北条時宗の時代』) 八木書店 二〇〇八年
工　藤　勝　彦「九条頼経・頼嗣期における将軍権力と執権権力」(『日本歴史』五一三号) 一九九一年

熊谷隆之「鎌倉期若狭国守護の再検討」（『日本史研究』五八六号）　二〇一一年
建長寺編『建長寺』　建長寺　二〇一〇年
小松寿治「建長寺開創にかかわる蘭渓の円爾宛尺牘について」
（広瀬良弘編『禅と地域社会』）　吉川弘文館　二〇〇九年
五味文彦『徒然草』の歴史学』（朝日選書）　朝日新聞社　一九九七年
五味文彦「『吾妻鏡』の時代」（『増補　吾妻鏡の方法　事実と神話にみる中世』）　吉川弘文館　二〇〇〇年
五味文彦「『吾妻鏡』の筆法」（『増補　吾妻鏡の方法　事実と神話にみる中世』）
吉川弘文館　二〇〇〇年
五味克夫「鎌倉御家人の番役勤仕について（一）」（『史学雑誌』六三編九号）　一九五四年
五味文彦・本郷和人・西田友広編『現代語訳　吾妻鏡』一一・一二　吉川弘文館　二〇一二年
今野慶信「得宗被官による禅院寄進の背景―宿屋氏の筑前国芦屋寺の場合―」
（『駒沢史学』五八号）　二〇〇二年
今野慶信「北条時輔の母―出雲国横田庄と京都・鎌倉―」（『段かづら』三・四号）　二〇〇四年
今野慶信「『葛西殿』について」（葛飾区郷土と天文の博物館編『鎌倉幕府と葛西氏
―地域フォーラム・地域の歴史をもとめて―』）　名著出版　二〇〇四年
佐伯智広「中世前期の王家と法親王」（『立命館文学』六二四号）　二〇一二年

坂井法曄「日蓮と鎌倉政権ノート」（佐藤博信編『中世東国の社会構造』）岩田書院 二〇〇七年
坂井法曄「日蓮遺文に見える国主と国王」（阿部猛編『中世政治史の研究』）日本史史料研究会 二〇一〇年
佐々木馨「時頼伝の基礎的考察」（『青森県史研究』一号）一九九七年
佐々木馨『執権時頼と廻国伝説』（歴史文化ライブラリー）吉川弘文館 一九九七年
佐々木文昭「『関東新制』小考―弘長元年二月三十日関東新制を中心として―」（『中世公武新制の研究』）吉川弘文館 二〇〇八年
佐藤和彦「味噌をなめた男―北条時頼の実像―」（『日本古書通信』七七六号）一九九四年
佐藤進一「鎌倉幕府政治の専制化について」（『日本中世史論集』）岩波書店 一九九〇年
佐藤進一『鎌倉幕府訴訟制度の研究』岩波書店 一九九三年
佐藤進一『増補　花押を読む』（平凡社ライブラリー）平凡社 二〇〇〇年
佐藤弘夫『日蓮―われ日本の柱とならむ―』（ミネルヴァ日本評伝選）ミネルヴァ書房 二〇〇三年
塩澤寛樹『鎌倉大仏の謎』（歴史文化ライブラリー）吉川弘文館 二〇一〇年
清水邦彦「日本における放光菩薩信仰の展開」（『比較民俗研究』一六号）一九九九年
清水眞澄『鎌倉大仏―東国文化の謎―』有隣堂 一九七九年

下沢　敦「京都篝屋の一時中断・再開を巡る一考察」（杉山晴康編『裁判と法の歴史的展開』）　敬文堂　一九九二年
菅原昭英「蘭渓道隆の夢語り」（広瀬良弘編『禅と地域社会』）　吉川弘文館　二〇〇九年
鈴木かほる『相模三浦一族とその周辺史―その発祥から江戸期まで―』　新人物往来社　二〇〇七年
関　周一「鎌倉時代の外交と朝幕関係」（阿部猛編『中世政治史の研究』）　日本史史料研究会　二〇一〇年
関戸堯海「執権北条氏と『立正安国論』」（高木豊・冠賢一編『日蓮とその教団』）　吉川弘文館　一九九九年
平　雅行「鎌倉における顕密仏教の展開」（伊藤唯真編『日本仏教の形成と展開』）　法蔵館　二〇〇二年
高木宗監『建長寺史　開山大覚禅師伝』　大本山建長寺　一九八九年
高木　豊「鎌倉名越の日蓮の周辺」（『金沢文庫研究』二七二号）　一九八四年
高橋慎一朗「京都大番役と御家人の村落支配」（『日本歴史』五七五号）　一九九六年
高橋慎一朗「『武家地』六波羅の成立」（『中世の都市と武士』）　吉川弘文館　一九九六年
高橋慎一朗『武家の古都、鎌倉』（日本史リブレット）　山川出版社　二〇〇五年
高橋慎一朗「中世の都市と三浦一族」（『三浦一族研究』一二号）　二〇〇八年

高橋慎一朗「日光山と北関東の武士団」（高橋慎一朗編『列島の鎌倉時代
　―地域を動かす武士と寺社―』）高志書院　二〇一一年
高橋慎一朗『武士の掟―「道」をめぐる鎌倉・戦国武士たちのもうひとつの戦い―』新人物往来社　二〇一二年
高橋典幸『鎌倉幕府軍制と御家人制』吉川弘文館　二〇〇八年
竹内道雄『道元』（人物叢書）吉川弘文館　一九六二年
舘隆志「『大覚禅師語録』の上堂年時考―特に兀庵普寧の来朝年時を中心に―」
　（『駒沢史学』六六号）二〇〇六年
田中則和「多賀国府の変容」（小野正敏・萩原三雄編『鎌倉時代の考古学』）高志書院　二〇〇六年
玉村竹二「蘭渓道隆と若訥宏弁」（『日本禅宗史論集　巻上』）思文閣出版　一九七六年
玉村竹二「臨済宗教団の成立」（『日本禅宗史論集　巻上』）思文閣出版　一九七六年
玉村竹二『五山禅僧伝記集成　新装版』思文閣出版　二〇〇三年
辻善之助『日本仏教史　中世篇之二』岩波書店　一九四九年
寺尾英智「日蓮書写の覚鑁『五輪九字明秘密釈』について―日蓮伝の検討―」
　（中尾堯編『鎌倉仏教の思想と文化』）吉川弘文館　二〇〇二年

永井　晋　『鎌倉幕府の転換点—『吾妻鏡』を読みなおす—』　日本放送出版協会　二〇〇〇年
永井　晋　「中世都市鎌倉の発展と藤沢」（『藤沢市史研究』三九号）　二〇〇六年
永井　晋　「金沢文庫古文書に見る唐船派遣資料」（『金沢文庫研究』三二四号）　二〇一〇年
中川博夫　「大僧正隆弁—その伝と和歌—」（『芸文研究』四六号）　一九八四年
中村　翼　「鎌倉幕府の『唐船』関係法令の検討—『博多における権門貿易』説の批判的継承のために—」（『鎌倉遺文研究』二五号）　二〇一〇年
七海雅人　「鎌倉幕府御家人制の展開過程」（『鎌倉幕府御家人制の展開』）　吉川弘文館　二〇〇一年
七海雅人　「霊場・松島の様相—基礎的事項の確認—」（東北中世考古学会編『中世の聖地・霊場』東北中世考古学叢書5）　高志書院　二〇〇六年
七海雅人　「鎌倉時代の津軽平賀郡—曽我氏関係史料の基礎的考察—」（東北学院大学東北文化研究所編『古代中世の蝦夷世界』）　高志書院　二〇一一年
西岡芳文　「阿佐布門徒の輪郭」（『三田中世史研究』一〇号）　二〇〇三年
西田友広　「鎌倉幕府検断体制の構造と展開」（『鎌倉幕府の検断と国制』）　吉川弘文館　二〇一一年
貫達人・川副武胤　『鎌倉廃寺事典』　有隣堂　一九八〇年
祢津宗伸　「『法然上人絵伝』における諏訪入道蓮仏」（『中世地域社会と仏教文化』）

納富常天「道元の鎌倉行化について」（『駒沢大学仏教学部研究紀要』三一号）　法蔵館　二〇〇九年
（のち『日本名僧論集　八　道元』吉川弘文館　一九八三年所収）　一九七三年
野口実「執権体制下の三浦氏」（『中世東国武士団の研究』）　高科書店　一九九四年
野口実「上総千葉氏の盛衰」（野口実編『千葉氏の研究』）　名著出版　二〇〇〇年
野口実「了行とその周辺」（『東方学報』七三冊）　二〇〇一年
野口実「鎌倉時代における下総千葉寺由縁の学僧たちの活動―了行・道源に関する
訂正と補遺―」（『京都女子大学宗教・文化研究所　研究紀要』二四号）　二〇一一年
橋本雄「鎌倉時代と世界」（『歴史地理教育』六二四号）　二〇〇一年
橋本雄「北条得宗家の禅宗信仰をめぐって―時頼・時宗を中心に―」
（西山美香編『古代中世日本の内なる「禅」』）　勉誠出版　二〇一一年
橋本義彦「院評定制について」（『平安貴族社会の研究』）　吉川弘文館　一九七六年
速水侑「鎌倉政権と台密修法―忠快と隆弁を中心として―」（安田元久先生退任記念
論集刊行委員会編『中世日本の諸相　下巻』）　吉川弘文館　一九八九年
原田正俊「九条道家の東福寺と円爾」（『季刊日本思想史』六八号）　二〇〇六年
平松令三『親鸞』（歴史文化ライブラリー）　吉川弘文館　一九九八年
福島金治「仁和寺御流の鎌倉伝播―鎌倉佐々目遺身院とその役割―」（阿部泰郎・

山崎誠編『守覚法親王と仁和寺御流の文献学的研究』）　勉誠社　一九九八年
古澤直人「鎌倉幕府と中世国家」（『鎌倉幕府と中世国家』）　校倉書房　一九九一年
平凡社地方資料センター編『日本歴史地名大系14　神奈川県の地名』　平凡社　一九八四年
北条氏研究会編『北条氏系譜人名辞典』　新人物往来社　二〇〇一年
細川重男『鎌倉政権得宗専制論』　吉川弘文館　二〇〇〇年
細川重男「相模式部大夫殿―文永九年二月騒動と北条時宗政権―」（『段かづら』二号）　二〇〇二年
細川重男「右京兆員外大尹―北条得宗家の成立―」（『鎌倉北条氏の神話と歴史―権威と権力―』）　日本史史料研究会　二〇〇七年
細川重男『鎌倉幕府の滅亡』（歴史文化ライブラリー）　吉川弘文館　二〇一一年
細川涼一「忍性の生涯」（松尾剛次編『日本の名僧10　持戒の聖者　叡尊・忍性』）　吉川弘文館　二〇〇四年
保立道久「都市の葬送と生業」（五味文彦・齋木秀雄編『中世都市鎌倉と死の世界』）　高志書院　二〇〇二年
本郷和人「霜月騒動再考」（『史学雑誌』一一二編一二号）　二〇〇三年
本郷恵子「鎌倉期の撫民思想について」（鎌倉遺文研究会編『鎌倉期社会と史料論』）　東京堂出版　二〇〇二年

牧野和夫「十二世紀後末期の日本舶載大蔵経から奝然将来大蔵経をのぞむ」（吉原浩人・王勇編『海を渡る天台文化』）勉誠出版 二〇〇八年
増山秀樹「鎌倉幕府評定衆清原満定の政治的立場」（『遙かなる中世』一八号）二〇〇〇年
松尾剛次『中世都市鎌倉の風景』吉川弘文館 一九九三年
松尾剛次「叡尊の生涯」（松尾剛次編『日本の名僧10 持戒の聖者 叡尊・忍性』）吉川弘文館 二〇〇四年
馬淵和雄『鎌倉大仏の中世史』新人物往来社 一九九八年
三浦勝男「宝治合戦と三浦一族」（『三浦一族研究』四号）二〇〇〇年
三浦勝男編『鎌倉の地名由来辞典』東京堂出版 二〇〇五年
水戸部正男『公家新制の研究』創文社 一九六一年
峰岸純夫「鎌倉時代東国の真宗門徒―真仏報恩板碑を中心に―」（『中世東国の荘園公領と宗教』）吉川弘文館 二〇〇六年
村井章介『北条時宗と蒙古襲来―時代・世界・個人を読む―』日本放送出版協会 二〇〇一年
村井章介「執権政治の変質」（『中世の国家と在地社会』）校倉書房 二〇〇五年
森幸夫『六波羅探題の研究』続群書類従完成会 二〇〇五年
森幸夫「得宗被官平氏に関する二、三の考察」（北条氏研究会編『北条時宗の時代』）八木書店 二〇〇八年

森幸夫『北条重時』（人物叢書）　吉川弘文館　二〇〇九年
森幸夫「得宗家嫡の仮名をめぐる小考察―四郎と太郎―」
（阿部猛編『中世政治史の研究』）　日本史史料研究会　二〇一〇年
安田元久編『鎌倉将軍執権列伝』　秋田書店　一九七四年
山野井功夫「北条政村及び政村流の研究―婚姻関係から見た政村の政治的立場を中心に―」
（北条氏研究会編『北条時宗の時代』）　八木書店　二〇〇八年
山本みなみ「近衛宰子論―宗尊親王御息所としての立場から―」（『紫苑』九号）　二〇一一年
湯山学「隆弁とその門流―北条氏と天台宗（寺門）―」（『鎌倉』三八号）　一九八一年
湯山学「山内本郷の証菩提寺と一心院―鎌倉明石谷の別当坊をめぐって―」
（『鎌倉』四三号）　一九八三年
尹漢湧「引付の訴訟外機能から見た執権政治の構造」
（『東京大学史料編纂所研究紀要』二二号）　二〇一二年
龍粛『鎌倉時代　下』　春秋社　一九五七年
鷲尾順敬『鎌倉武士と禅』　日本学術普及会　一九一六年
和島芳男『叡尊・忍性』（人物叢書）　吉川弘文館　一九五九年
渡辺融・桑山浩然『蹴鞠の研究』　東京大学出版会　一九九四年
渡辺晴美「北条時頼政権の成立について」（『政治経済史学』二二二号）　一九八五年

著者略歴

一九六四年生まれ
一九九二年東京大学大学院人文科学研究科博士課程中退
現在　東京大学史料編纂所准教授

主要著書
『中世の都市と武士』（吉川弘文館、一九九六年）
『中世都市の力』（高志書院、二〇一〇年）
『武士の掟』（新人物往来社、二〇一二年）

人物叢書　新装版

北条時頼

二〇一三年（平成二十五）八月十日　第一版第一刷発行

著　者　高橋慎一朗《たかはししんいちろう》
編集者　日本歴史学会
代表者　笹山晴生
発行者　前田求恭
発行所　株式会社 吉川弘文館
東京都文京区本郷七丁目二番八号
郵便番号一一三—〇〇三三
電話〇三—三八一三—九一五一〈代表〉
振替口座〇〇一〇〇—五—二四四
http://www.yoshikawa-k.co.jp/
印刷＝株式会社 平文社
製本＝ナショナル製本協同組合

ISBN978-4-642-05267-2

『人物叢書』(新装版)刊行のことば

人物叢書は、個人が埋没された歴史書が盛行した時代に、「歴史を動かすものは人間である。個人の伝記が明らかにされないで、歴史の叙述は完全であり得ない」という信念のもとに、専門学者に執筆を依頼し、日本歴史学会が編集し、吉川弘文館が刊行した一大伝記集である。

幸いに読書界の支持を得て、百冊刊行の折には菊池寛賞を授けられる栄誉に浴した。

しかし発行以来すでに四半世紀を経過し、長期品切れ本が増加し、読書界の要望にそい得ない状態にもなったので、この際既刊本の体裁を一新して再編成し、定期的に配本できるような方策をとることにした。既刊本は一八四冊であるが、まだ未刊である重要人物の伝記についても鋭意刊行を進める方針であり、その体裁も新形式をとることとした。

こうして刊行当初の精神に思いを致し、人物叢書を蘇らせようとするのが、今回の企図である。大方のご支援を得ることができれば幸せである。

昭和六十年五月

日本歴史学会
代表者　坂本太郎

北条政子	渡辺　保著
慈円	多賀宗隼著
明恵	田中久夫著
藤原定家	村山修一著
北条泰時	上横手雅敬著
道元	竹内道雄著
北条重時	森　幸夫著
親鸞	赤松俊秀著
北条時頼	高橋慎一朗著
日蓮	大野達之助著
阿仏尼	田渕句美子著
北条時宗	川添昭二著
一遍	大橋俊雄著
叡尊・忍性	和島芳男著
京極為兼	井上宗雄著
金沢貞顕	永井　晋著
菊池氏三代	杉本尚雄著
新田義貞	峰岸純夫著
花園天皇	岩橋小弥太著
赤松円心・満祐	高坂　好著
卜部兼好	冨倉徳次郎著
覚如	重松明久著
足利直冬	瀬野精一郎著
佐々木導誉	森　茂暁著
細川頼之	小川　信著
足利義満	臼井信義著
今川了俊	川添昭二著
足利義持	伊藤喜良著
世阿弥	今泉淑夫著
上杉憲実	田辺久子著
山名宗全	川岡　勉著
一条兼良	永島福太郎著
亀泉集証	今泉淑夫著
蓮如	笠原一男著
宗祇	奥田　勲著
万里集九	中川徳之助著
三条西実隆	芳賀幸四郎著
大内義隆	福尾猛市郎著
ザヴィエル	吉田小五郎著
三好長慶	長江正一著
今川義元	有光友學著
武田信玄	奥野高広著
朝倉義景	水藤　真著
浅井氏三代	宮島敬一著
織田信長	池上裕子著
明智光秀	高柳光寿著
大友宗麟	外山幹夫著
千利休	芳賀幸四郎著
足利義昭	奥野高広著
前田利家	岩沢愿彦著
長宗我部元親	山本　大著
安国寺恵瓊	河合正治著
石田三成	今井林太郎著
真田昌幸	柴辻俊六著
高山右近	海老沢有道著
島井宗室	田中健夫著
淀君	桑田忠親著
片桐且元	曽根勇二著
藤原惺窩	太田青丘著
支倉常長	五野井隆史著
伊達政宗	小林清治著
天草時貞	岡田章雄著
立花宗茂	中野　等著
佐倉惣五郎	児玉幸多著
小堀遠州	森　蘊著
徳川家光	藤井譲治著
由比正雪	進士慶幹著
林羅山	堀　勇雄著
松平信綱	大野瑞男著

国姓爺　石原道博著
野中兼山　横川末吉著
隠元　平久保章著
徳川和子　久保貴子著
酒井忠清　福田千鶴著
朱舜水　石原道博著
池田光政　谷口澄夫著
山鹿素行　堀勇雄著
井原西鶴　森銑三著
松尾芭蕉　阿部喜三男著
三井高利　中田易直著
河村瑞賢　古田良一著
徳川光圀　鈴木暎一著
契沖　久松潜一著
市川団十郎　西山松之助著
伊藤仁斎　石田一良著
徳川綱吉　塚本学著
貝原益軒　井上忠著
前田綱紀　若林喜三郎著
近松門左衛門　河竹繁俊著
新井白石　宮崎道生著
鴻池善右衛門　宮本又次著
石田梅岩　柴田実著

太宰春台　武部善人著
徳川吉宗　辻達也著
大岡忠相　大石学著
賀茂真淵　三枝康高著
平賀源内　城福勇著
与謝蕪村　田中善信著
三浦梅園　田口正治著
毛利重就　小川國治著
本居宣長　城福勇著
山村才助　鮎沢信太郎著
木内石亭　斎藤忠著
小石元俊　山本四郎著
山東京伝　小池藤五郎著
杉田玄白　片桐一男著
塙保己一　太田善麿著
上杉鷹山　横山昭男著
大田南畝　浜田義一郎著
只野真葛　関民子著
小林一茶　小林計一郎著
大黒屋光太夫　亀井高孝著
松平定信　高澤憲治著
菅江真澄　菊池勇夫著
島津重豪　芳即正著

狩谷棭斎　梅谷文夫著
最上徳内　島谷良吉著
渡辺崋山　佐藤昌介著
柳亭種彦　伊狩章著
香川景樹　兼清正徳著
平田篤胤　田原嗣郎著
間宮林蔵　洞富雄著
滝沢馬琴　麻生磯次著
調所広郷　芳即正著
橘守部　鈴木暎一著
黒住宗忠　原敬吾著
水野忠邦　北島正元著
帆足万里　帆足図南次著
江川坦庵　仲田正之著
藤田東湖　鈴木暎一著
広瀬淡窓　井上義巳著
大原幽学　中井信彦著
島津斉彬　芳即正著
月照　友松圓諦著
橋本左内　山口宗之著
井伊直弼　吉田常吉著
吉田東洋　平尾道雄著
佐久間象山　大平喜間多著

真木和泉　山口宗之著
高島秋帆　有馬成甫著
シーボルト　板沢武雄著
高杉晋作　梅溪昇著
川路聖謨　川田貞夫著
横井小楠　圭室諦成著
小松帯刀　高村直助著
山内容堂　平尾道雄著
江藤新平　杉谷昭著
和宮　武部敏夫著
西郷隆盛　田中惣五郎著
ハリス　坂田精一著
森有礼　犬塚孝明著
松平春嶽　川端太平著
中村敬宇　高橋昌郎著
河竹黙阿弥　河竹繁俊著
寺島宗則　犬塚孝明著
樋口一葉　塩田良平著
ジョセフ＝ヒコ　近盛晴嘉著
勝海舟　石井孝著
臥雲辰致　村瀬正章著
黒田清隆　井黒弥太郎著
伊藤圭介　杉本勲著

福沢諭吉　会田倉吉著
星亨　中村菊男著
中江兆民　飛鳥井雅道著
西村茂樹　高橋昌郎著
正岡子規　久保田正文著
清沢満之　吉田久一著
滝廉太郎　小長久子著
副島種臣　安岡昭男著
田口卯吉　田口親著
福地桜痴　柳田泉著
陸羯南　有山輝雄著
児島惟謙　田畑忍著
荒井郁之助　原田朗著
幸徳秋水　西尾陽太郎著
ヘボン　高谷道男著
石川啄木　岩城之徳著
乃木希典　松下芳男著
岡倉天心　斎藤隆三著
桂太郎　宇野俊一著
加藤弘之　田畑忍著
山路愛山　坂本多加雄著
伊沢修二　上沼八郎著
秋山真之　田中宏巳著

前島密　山口修著
成瀬仁蔵　中嶌邦著
前田正名　祖田修著
大隈重信　中村尚美著
山県有朋　藤村道生著
大井憲太郎　平野義太郎著
河野広中　長井純市著
富岡鉄斎　小高根太郎著
大正天皇　古川隆久著
津田梅子　山崎孝子著
豊田佐吉　楫西光速著
渋沢栄一　土屋喬雄著
有馬四郎助　三吉明著
武藤山治　入交好脩著
坪内逍遙　大村弘毅著
山室軍平　三吉明著
南方熊楠　笠井清著
山本五十六　田中宏巳著
中野正剛　猪俣敬太郎著
河上肇　住谷悦治著
御木本幸吉　大林日出雄著
尾崎行雄　伊佐秀雄著
緒方竹虎　栗田直樹著

▽以下続刊